BIBLIOTHÈQUE D'HISTOIRE DE LA PHILOSOPHIE

Fondateur : Henri GOUHIER   Directeur : Jean-François COURTINE

L'INDIVIDU

PERSPECTIVES CONTEMPORAINES

Édité par
Pascal LUDWIG
et
Thomas PRADEU

PARIS
LIBRAIRIE PHILOSOPHIQUE J. VRIN
6 place de la Sorbonne, V[e]
2008

© *Librairie Philosophique J. VRIN*, 2008

ISBN 978-2-7116-2150-7

www.vrin.fr

INTRODUCTION

Le terme d'« individu » est souvent mal compris. Bien que très utilisé de nos jours, il est la plupart du temps employé dans un sens très restrictif, c'est-à-dire comme un synonyme du terme de « personne », voire comme désignant ce qu'il y a de plus intéressé et de plus égoïste dans la personne, à travers les discussions sur « l'individualisme » qui caractériserait les sociétés occidentales contemporaines.

Cet ouvrage prend le parti exactement inverse de donner, ou redonner, au terme d'« individu » le sens large que lui a accordé la tradition métaphysique, d'Aristote à nos jours. Un « individu » est alors, comme le montre S. Chauvier dans le premier texte de ce volume, une entité par soi, qui peut être comptée, qui possède des frontières et une identité à travers le temps, et qui en outre est souvent unique. Une pierre, une table, une voiture ou encore une grenouille peuvent, en ce sens, être des « individus ». Loin de simplifier la problématique de l'individualité, cette prise en compte de la forte extension du terme d'individu ne fait que l'enrichir et la complexifier. Voici trois exemples de questionnements que cette définition fait surgir, parmi les plus significatifs :

1) Quels sont les *critères* de l'individualité ? N'importe quelle chose que l'on peut cognitivement isoler constitue-t-elle un individu ? Quand doit-on dire que l'on a affaire à un simple « particulier », par opposition à un véritable « individu » ? S'il existe des critères de l'individualité, sont-ils valables aussi bien pour un artefact que pour un être vivant ou pour une personne ?

2) Comment définir les *frontières* de l'individu ? Comment peut-on, à partir de là, compter des « individus » ?

3) Quelle est la *réalité* des individus ? Existe-t-il des individus « réels », ou bien toute individuation est-elle relative à nos manières de connaître et aux questions spécifiques que nous nous posons ?

Les contributions rassemblées ici, toutes rédigées spécifiquement pour la publication de cet ouvrage, montrent comment il est possible de répondre aujourd'hui à ce problème traditionnel de métaphysique qu'est le problème de l'individuation. Outre l'histoire de la philosophie et la métaphysique classique et contemporaine, elles ont recours à des savoirs contemporains indispensables pour nourrir la réflexion des philosophes : logique et linguistique, sciences du vivant, sciences cognitives, sciences économiques et sociales, théories politiques.

S. Chauvier, P. Ludwig, et F. Drapeau Vieira Contim proposent une analyse métaphysique générale de la notion d'individu. T. Pradeu et J. Gayon montrent que la question de savoir ce qui compte comme un individu dans le monde du vivant est un cas-test décisif pour toute définition de l'individu. Ce n'est que dans un troisième temps, après donc l'élucidation de la notion métaphysique générale d'individu et l'explicitation de la signification de cette notion dans les sciences du vivant, qu'est reposée la question de l'individu comme être humain. E. Baget montre l'articulation entre le problème de l'identité personnelle et celui de la définition de l'individualité humaine. C. Girard pose le problème de savoir ce qui compte comme un individu dans la sphère politique. Pour finir, R. Keucheyan analyse le rôle central de la notion d'individu dans la sociologie contemporaine, notamment dans le courant dit de « l'individualisme méthodologique ».

Notre souci principal a été celui de la clarté des problèmes posés et de la précision des arguments et des réponses. Nous espérons contribuer à un éclaircissement de la problématique contemporaine de l'individualité et montrer, ce faisant, la vivacité de la question « Qu'est-ce qu'un individu ? ».

Pascal LUDWIG et Thomas PRADEU

PARTICULIERS, INDIVIDUS
ET INDIVIDUATION

Si le mot « individu » est, dans le langage courant contemporain, presque exclusivement appliqué aux êtres humains, le concept d'individu est d'une tout autre nature logique que le concept d'être humain. Tandis que le concept d'être humain est un concept *sortal*, qui représente une certaine essence, quiddité ou nature, le concept d'individu est un concept *ontologique* ou *catégorial*, qui représente un certain *mode d'être*. Or si le mode d'être représenté par le concept d'individu n'est pas caractéristique de tout étant, dès lors que tout étant ne semble pas posséder un *être individuel* ou une *individualité*, il n'est toutefois pas l'apanage des seuls êtres humains : il n'y a pas que les humains dont l'être soit individuel.

Reste qu'on peut toutefois expliquer cet emploi resserré du mot « individu » dans le langage contemporain. Si « individu » semble souvent un simple équivalent de « être humain », c'est que les êtres humains ne sont pas seulement des individus parmi d'autres, mais qu'ils ont un *degré* élevé d'individualité. Car, et telle est l'idée que nous voudrions développer ici, si le concept d'individu est un concept ontologique qui représente un certain mode d'être plutôt qu'une certaine nature, si par conséquent le concept d'individu n'a nulle raison d'être réservé aux seuls êtres humains, le mode d'être que représente le concept d'individu n'est pas uniforme, mais il présente une complexité qui est due à ce que nous pourrions appeler la multidimensionalité de l'individualité. Or du fait que l'être individuel se laisse appréhender selon plusieurs dimensions, on peut légitimement distinguer des degrés d'individualité et partant, quoique de manière sans doute moins légitime, accorder une valeur paradigmatique aux individus situés en haut de cette échelle.

Pour explorer cette multidimensionalité de l'individualité, nous allons partir d'une reconstitution de la problématique qui, historiquement au moins, nous semble à la racine du développement d'un concept ontologique d'individu, la problématique du principe d'individuation. L'idée principale que nous allons développer est que le concept d'individu ne devient un authentique concept ontologique que si l'on scinde le concept traditionnel d'individu en deux concepts corrélés mais distincts, le concept de particulier et le concept d'individu au sens strict. La distinction de ces deux notions de particulier et d'individu fournit alors le contraste nécessaire pour produire un concept strictement ontologique d'individu, mais un concept qui est alors nécessairement multidimensionnel, de sorte que le problème soulevé par l'individualité n'est plus de rechercher *le* principe de l'individuation, mais de distinguer et d'ordonner différents principes d'individuation et différents degrés d'individualité.

LE PROBLÈME DU PRINCIPE D'INDIVIDUATION [1]

Le problème traditionnel du principe d'individuation est une dépendance du problème des universaux, qui fait l'objet d'une formulation explicite dans l'*Isagoge* de Porphyre [2]. Toutefois, à la différence de ce dernier, il ne semble pas y avoir de formulation canonique du problème du principe d'individuation, de lieu textuel où ce problème serait explicitement posé et à partir duquel les auteurs l'aborderaient [3]. Ce que l'on trouve, ce sont plutôt des auteurs qui, d'abord en passant, puis de manière intentionnelle et circonstanciée, s'efforcent d'identifier quelque chose qu'ils vont finir par appeler *principe d'individuation* [4]. On est donc tout d'abord obligé de reconstituer la problématique implicite qui a conduit ces auteurs à se mettre en quête d'un principe d'individuation.

1. Rappelons, de manière préalable, que le concept traditionnel d'individuation dans l'expression «principe d'individuation», *principium individuationis*, ne désigne pas un processus, un devenir individuel, mais une dimension constitutive, la dimension individuelle de l'étant. Le principe d'individuation est ce qui est «responsable» de l'individualité d'un étant. Pour désigner un éventuel processus par lequel quelque chose de non individuel devient individuel, il serait préférable de parler d'*individualisation*, si du moins on souhaite recueillir l'héritage de la philosophie traditionnelle.

2. Porphyre, *Isagoge*, trad. fr. A. de Libera et A.-Ph. Segonds, Paris, Vrin, 1998, p. 1.

3. Si l'ouvrage de Porphyre ne contient pas de formulation explicite du problème de l'individuation, il contient en revanche, en I, 15 (*op. cit.*, p. 9), une définition de l'individu qui, parce qu'elle oscille entre individuation par les accidents individuels et individuation par la notion complète, pourrait être la source textuelle du problème.

4. Sur le développement de cette problématique, voir l'exposé, un peu ancien, de M.-D. Roland-Gosselin, *Le « De ente et essentia » de S. Thomas d'Aquin*, Paris, Vrin, 1948, p. 51-134.

Évidemment cette problématique n'est pas simplement : « Quel est le principe de l'individuation ? ». Si on cherche à identifier le principe de l'individuation, c'est qu'on a l'idée qu'il doit y avoir un principe d'individuation, mais qu'on ignore ce qu'il est. Et si on a l'idée qu'il doit y avoir un principe d'individuation, c'est que les choses qui nous entourent ou la manière dont nous appréhendons les choses qui nous entourent impliquent qu'il doit exister un tel principe, dont il s'agit alors de découvrir la nature. Si l'on veut donc reconstituer la problématique qui conduit à se mettre en quête du principe d'individuation, on doit donc commencer par s'interroger sur ce qui peut donner l'idée qu'un tel principe doit exister.

La réponse la plus ramassée que l'on puisse donner à cette question semble la suivante. Ce qui peut donner l'idée qu'il doit y avoir un principe d'individuation, c'est que l'être des choses qui nous entourent n'est pas réductible à celui de leur nature ou quiddité. Nous pensons aux choses qui nous entourent comme à des choses relevant de diverses sortes ou espèces : des hommes, des lapins, des chaises, etc. Mais l'être de chacune de ces choses n'est pas réductible à celui de leur espèce ou nature. Par exemple, Socrate est un homme, mais être Socrate ne consiste pas seulement à être un homme. Il y a quelque chose de plus, quelque chose qui fait partie intégrante de l'être de Socrate, quelque chose qui disparaîtra quand Socrate sera mort et qui est ce par quoi Socrate est Socrate plutôt que Platon. Le principe de l'individuation désigne donc ce supplément à la nature commune qui, soit de manière interne, soit de manière externe, fait l'individualité de chaque chose, de Socrate, mais aussi bien de cette table, de ce chien, de ce melon.

On peut donc, sur cette base, considérer que la problématique qui est sous-jacente aux recherches philosophiques portant sur le principe d'individuation peut être formulée de la manière suivante : « Qu'est-ce qui fait l'individualité de chacune des choses qui nous entourent ? » ou, plus précisément encore : « Qu'est-ce qui fait qu'une chose d'une espèce F quelconque est une autre chose que chacune des choses de la même espèce F ? ».

Les diverses positions des philosophes à propos du principe d'individuation sont clairement autant de réponses à cette question. Que l'on invoque la matière dont les choses sont faites, les accidents singuliers qui les caractérisent, la somme unique de prédicats que chacune vérifie, leur localisation spatio-temporelle ou encore une forme individuelle, on obtient chaque fois de donner une réponse générale à la question : qu'est-ce qui fait qu'une chose d'une espèce F quelconque est une autre chose que chaque autre chose de la même espèce F ?

Nous n'examinerons nullement ici le détail de ces réponses. Nous voudrions plutôt nous intéresser à la question dont nous avons avancé qu'elle commandait ces réponses. Car il y a dans cette question une présupposition qui, si on la thématise, conduit, non pas à ôter tout sens au problème de l'individuation, mais à complexifier ce problème, à distinguer *des* problèmes là où on semblait n'en percevoir qu'un seul [1].

---

1. Il y en réalité une autre présupposition, plus connue, que celle que nous allons dégager, à savoir qu'il y a du commun dans les choses. Il est manifeste que si, avec les nominalistes, on rejette toute forme, même modérée, de réalisme des universaux, si l'on affirme que les choses sont de soi individuelles et de part en part individuelles, il n'y a plus de place logique pour formuler un problème comme le problème de l'individuation. En revanche, il y a lieu de se demander, non pas comment les choses sont individuées, mais, à l'inverse, comment elles sont susceptibles de se voir appliquer des concepts communs. Au problème de l'individuation des natures communes se substitue, dans le nominalisme, le problème de la justification de nos concepts généraux.

Particuliers et individus

De quelle présupposition s'agit-il? On peut l'exprimer assez simplement en disant que la formulation précédente du problème de l'individuation présuppose, non pas seulement qu'il y a du commun dans les choses, mais aussi que chaque fois que nous avons affaire à *deux* F, par exemple à deux hommes, à deux voitures, à deux nuages, à deux tas de neige, à deux angles de porte, nous avons toujours affaire à deux *individus*. Or comme les exemples que l'on vient de donner le suggèrent, c'est cela qui, précisément, constitue une présupposition discutable : il ne va pas de soi que deux choses d'une même sorte soient toujours deux individus ou bien soient toujours au même degré deux individus.

Cette présupposition discutable peut en réalité devenir partie intégrante du problème si l'on remarque que, dans ses emplois philosophiques traditionnels, le même *mot* d'individu se trouve, de fait, servir d'étiquette linguistique à deux *concepts* distincts.

En premier lieu, il arrive qu'on appelle « individu » tout ce à quoi nous pouvons penser au moyen soit d'un nom propre, soit d'une expression démonstrative de la forme « ce F », par exemple « cet homme », « ce tas de sable », « cet éclair lumineux », « cette bataille », etc. L'objet de ce que nous appellerons désormais un *acte de référence démonstrative* est souvent conçu comme une chose individuelle ou comme un individu. Un individu, en ce sens du terme, cela s'oppose donc à un *universel*, comme le courage ou la guerre, ou à une *masse*, comme du vin ou de l'eau. Nous pouvons former des pensées à propos du courage ou à propos de l'eau douce de la Terre, mais nous pouvons aussi former des pensées à propos de cet acte de courage ou de cette flaque d'eau douce. Il y a donc une différence conceptuelle à faire entre des objets de pensée comme le courage et l'eau et des objets de pensée comme cet acte de courage ou cette flaque d'eau douce[1]. Les objets de pensée du premier type sont désignés, sans équivoque, par le mot « universel » et par le mot « masse ». Le courage, lorsqu'on y pense de cette façon, est un universel. L'eau est un concret massif. En revanche, les objets de pensée du second type, cet acte de courage, cette flaque d'eau, sont, comme on vient de le voir, parfois désignés par le mot « individu », mais ils sont aussi parfois désignés par le mot « particulier », et on parle alors *des particuliers* par opposition aux universaux, ou bien encore par le mot « singulier », au moins lorsque les auteurs médiévaux parlent, en latin, des « singuliers », *singulares*. Or il est précisément fondamental d'abandonner, dans ce cas, le mot « individu » et de choisir l'un ou l'autre des deux autres mots, et sans doute de préférence en français le mot « particulier ». Pourquoi ? Précisément parce qu'il peut y avoir un sens à dire que tous les particuliers ne sont pas aussi et en même temps des individus ou, du moins, ne sont pas des individus au même degré. Considérons en effet les couples de particuliers suivants : cet homme et cet autre homme ; ce tigre et cet autre tigre ; cette Renault Vel Satis bleue et cette autre Renault Vel Satis bleue, ce tas de sable et cet autre tas de sable à côté, cette vague et cette autre vague, cet angle de porte et cet autre angle de porte. Nous avons ici affaire chaque fois

---

1. Mais il y a aussi une différence à faire entre un universel et une masse, le premier étant abstrait, la seconde concrète. Cette distinction au sein du non individuel ne nous retiendra pas ici.

à des particuliers. En outre, à chaque fois, les particuliers de chaque couple partagent une nature commune ou, du moins, ils relèvent d'une même sorte. Mais il paraît en même temps évident qu'un angle de porte a moins d'individualité qu'un tas de sable, qu'un tas de sable a moins d'individualité qu'une Vel Satis sortant de la chaîne de production, qu'une Vel Satis en a moins qu'un tigre de treize ans et qu'un tigre de treize ans en a moins qu'une personne humaine. Nous voyons donc apparaître là, un *autre concept d'individu*, un concept exclusivement ontologique et non plus logico-ontologique : un individu est cette fois, non pas tout ce qui peut être désigné par un acte de référence démonstrative, mais tout ce qui possède de l'individualité, cette dernière semblant en même temps pouvoir être susceptible de degrés.

Or il est aisé de voir que ces deux concepts sont distincts, que le concept de ce qui possède un degré d'individualité est tout simplement autre que le concept de ce qui est objet d'un acte de référence démonstrative. Le fait que quelque chose puisse être objet d'un acte de référence démonstrative ou qu'il puisse être le sujet logique d'une proposition singulière n'implique pas en effet que ce quelque chose possède une véritable individualité ontologique. Je peux former une pensée singulière à propos de cet angle de porte, mais il douteux que l'on puisse considérer qu'un angle de porte est un individu au sens ontologique du terme, qu'il possède une authentique individualité. Et, à l'inverse, on peut aussi imaginer que quelque chose puisse être un individu, au sens ontologique du terme, sans pouvoir faire l'objet d'un acte de référence démonstrative. Sans songer aux anges ou aux démons, certaines philosophies anciennes font de l'Univers, compris comme Cosmos, un grand Individu, et ce grand Individu ne peut évidemment faire l'objet d'un acte de référence démonstrative, propre à l'isoler d'objets concurrents [1].

C'est donc pour cette raison qu'il est crucial d'introduire deux mots différents pour représenter le concept de ce qui peut être objet d'un acte de référence démonstrative et le concept de ce qui possède une individualité ou un certain degré d'individualité. Nous proposons donc, pour fixer les idées, d'employer dans un cas le mot « particulier » et, dans l'autre, le mot « individu » [2].

Or si l'on revient maintenant, à la lumière de cette distinction conceptuelle, au problème de l'individuation tel que nous l'avons formulé, nous pouvons voir qu'il y a un hiatus entre la question posée et la réponse proposée. Car la question porte sur des particuliers, alors que la réponse concerne des individus. La question peut en effet être reformulée de la manière suivante : étant donné deux *particuliers* d'une même sorte F, quel est le fondement de leur différence numérique ? Or la réponse cherche, à titre de fondement de cette différence numérique, un principe d'individuation. Mais si les deux particuliers en question n'ont pas d'individualité ontologique, le fondement de leur différence numérique ne peut résider dans un principe ontologique d'individuation. Ou encore si les deux

1. Voir par exemple Aristote, *Du Ciel*, 278a10-278b10, éd. et trad. fr. P. Moraux, Paris, Les Belles Lettres, 1965, p. 33-35.

2. Précisons que la dualité des concepts n'implique pas une nécessaire dualité des objets de ces concepts. Beaucoup de particuliers sont des individus par soi. Mais quelques particuliers ne doivent leur individualité qu'à notre action d'y penser, tandis que quelques individus ne peuvent pas être appréhendés par nous comme des particuliers, parce qu'ils sont uniques en leur genre et ne peuvent donc faire l'objet d'un acte de référence démonstrative. Sur la manière d'accéder à cette dernière sorte d'individus, *cf.* notre article « L'unique en son genre », *Philosophie*, à paraître (2009).

particuliers en question ont une individualité plus ou moins forte, plus ou moins marquée, il n'y a nulle raison qu'elle dépende toujours d'un seul et même principe d'individuation.

On ne peut donc se satisfaire de la formulation du problème de l'individuation que nous avons introduite précédemment. Si l'on veut tenir compte de la complexité nouvelle qui surgit de la distinction entre le concept logique de particulier et le concept ontologique d'individu, on est conduit, d'une part, à distinguer deux problématiques différentes mettant en jeu le concept d'individuation, et, d'autre part, à reformuler de manière plus complexe la seule problématique ontologique de l'individuation.

INDIVIDUATION COGNITIVE
ET INDIVIDUATION ONTOLOGIQUE

Une première distinction nous semble fondamentale : c'est celle de l'individuation cognitive et de l'individuation ontologique.

Que faut-il entendre tout d'abord par individuation cognitive ? Pour le voir, on peut se référer au début de l'ouvrage de Strawson intitulé *Les individus*[1]. Strawson y explique qu'une part importante de nos pensées est constituée de pensées portant sur des particuliers, c'est-à-dire de pensées singulières. Or, d'après Strawson, une condition nécessaire pour que nous puissions penser à un particulier, c'est que nous soyons en mesure d'*identifier* et de faire identifier à notre

---

1. P. Strawson, *Les Individus*, trad. fr. P. Drong et A. Shalom, Paris, Seuil, 1971, p. 16 *sq.*

interlocuteur ce particulier. Le concept d'identification, au sens où l'emploie ici Strawson, constitue une assez bonne expression de la notion d'individuation cognitive que nous avons introduite. Pour penser à un particulier, quel qu'il soit, nous devons être en mesure de le distinguer de tous les autres et de resserrer ou braquer notre pensée sur lui. Pour cela, nous pouvons exploiter certaines ressources conceptuelles, mobiliser en particulier des concepts sortaux, de façon à penser et à faire penser, par exemple, à ce *lapin* ou cette *lueur blanche*. Mais nous devons aussi le plus souvent exploiter le contexte dans lequel nous nous trouvons et les informations perceptives et spatiales dont nous disposons.

L'individuation cognitive, telle qu'on vient de la définir, pose clairement certains problèmes philosophiques. Le problème le plus commun est celui de la référence ou, plus exactement, des variétés de la référence, des diverses façons que nous avons de penser référentiellement à des particuliers. Nous pouvons penser à des particuliers présents perceptivement au moyen d'expressions démonstratives. Mais nous pouvons aussi penser à des particuliers au moyen de noms propres ou au moyen de descriptions définies. Nous pouvons enfin penser à nous-même, en faisant usage du pronom de la première personne. Si l'individuation cognitive pose problème, c'est donc parce qu'il y a diverses manières pour la pensée de se braquer sur un particulier et ces diverses manières sont inégalement sûres ou inégalement immunisées contre le risque de vacuité.

Un autre problème, plus classique, soulevé par l'individuation cognitive est celui des concepts singuliers. Il ne va pas de soi, en effet, que nous puissions avoir des idées claires et distinctes des choses singulières. Une chose en effet est de faire une référence épisodique à tel particulier, une autre est d'acquérir un concept de ce particulier, un concept dont il serait le seul occupant. Or pourquoi y a-t-il un problème spécifique relatif à ces concepts singuliers? Parce que beaucoup de philosophes traditionnels ont pensé qu'un concept devait nécessairement être formé de caractères eux-mêmes conceptuels ou de « notes » intelligibles. Un concept doit pouvoir être analysé et analyser un concept, c'est précisément en extraire les différentes notes intelligibles qui le constituent. Or il semble que les caractères ou notes propres à individuer cognitivement un objet soient en nombre infini ou indéfini, de sorte qu'un concept individuel semble *pour nous*, entendements finis, chose inaccessible. C'est ainsi que Leibniz, dans les *Nouveaux essais*, niait que nous puissions avoir « la connaissance des individus » et que nous puissions « trouver le moyen de déterminer exactement l'individualité d'aucune chose, à moins de la garder elle-même » [1]. En réalité, comme la fin de la citation de Leibniz le suggère, ce problème peut trouver sa solution si l'on admet que le contenu d'un concept peut ne pas être lui-même entièrement conceptuel, qu'il peut renfermer un contenu informationnel non conceptuel qui procède du commerce direct que nous avons avec les objets [2].

L'individuation cognitive soulève donc, on le voit, un certain nombre de problèmes philosophiques importants. Mais, ce qui est fondamental pour notre propos, c'est que les problèmes soulevés par l'individuation cognitive n'ont

---

1. Leibniz, *Nouveaux essais sur l'entendement humain*, III, III, § 6, Paris, GF-Flammarion, 1966, p. 248.
2. Sur cette conception des concepts singuliers comme en partie formés de contenus non conceptuels, *cf.* G. Evans, *The Varieties of Reference*, Oxford, Clarendon Press, 1982, chap. 8.

pas de connexion interne ou directe avec la question de l'individuation ontologique.

La raison en est d'abord que tous les étants qui peuvent faire l'objet d'une individuation cognitive ne sont pas nécessairement des individus au sens ontologique du terme : un événement, comme une bataille, un agrégat, comme une foule, une entité dépendante, comme un angle de porte, pour mentionner des catégories que nous allons introduire bientôt, ne sont pas du tout ou pas pleinement des individus au sens ontologique du terme, mais ce sont, potentiellement au moins, des objets particuliers de pensée et des objets particuliers qui peuvent, pour des raisons diverses, se voir associer un concept individuel plus ou moins permanent.

En second lieu, même lorsque l'objet d'un concept individuel est aussi un individu au sens ontologique, il n'y a nulle raison que les conditions de l'individuation cognitive soient aussi et en même temps les conditions de l'individuation ontologique. Nous pouvons identifier ou individuer cognitivement un particulier sur la base de certains *accidents* qui présentent à nos yeux une certaine prégnance, lors même que ces accidents peuvent ne pas être le principe d'individuation ontologique de l'objet en question. Songeons par exemple au rôle du visage dans notre individuation cognitive des personnes : le visage sert à l'individuation cognitive, mais il est plus que douteux qu'il soit un principe d'individuation ontologique, puisqu'une personne pourrait clairement passer sa vie sans avoir jamais vu son visage et peut-être même sans avoir de visage [1].

---

1. Cf. *Les Yeux sans visage* de G. Franju.

Il y a donc, pour résumer, une somme de questions et de notions qui sont pertinentes pour élucider les conditions de l'individuation cognitive des objets, mais ces questions et ces notions doivent précisément être neutralisées si l'on souhaite porter son attention sur l'individuation ontologique.

LES DEGRÉS D'INDIVIDUALITÉ

Considérons donc maintenant le seul aspect ontologique des choses. La distinction entre particulier et individu conduit, on vient de le voir, à isoler le problème spécifique de l'individuation cognitive. Mais cette distinction a aussi un impact sur l'aspect ontologique du problème de l'individuation. Car cette distinction permet, nous l'avons vu, d'introduire l'idée que tous les particuliers ne sont pas nécessairement des individus ou ne sont pas nécessairement des individus au même degré. Elle fournit donc l'occasion de produire un concept d'individu qui ne soit pas lié aux notions logiques de particulier et de référence démonstrative. S'il ne suffit pas d'être un particulier pour être un individu, qu'est-ce qui est requis pour que quelque chose soit un individu et tout ce qui est individu est-il individu au même degré ou possède-t-il un même degré d'individualité ?

Ce problème est complexe et nous ne prétendons évidemment pas le traiter en détail. Nous voudrions plutôt mettre en lumière les différentes dimensions de ce problème.

Particuliers dépendants et indépendants

On peut admettre, en premier lieu, que la notion ontologique d'individu ne peut concerner ceux des particuliers qu'on appelle aujourd'hui des particuliers dépendants et qui correspondent soit aux parties non détachables des étants complets, soit à ce que la tradition a appelé « accidents individuels »[1] et que certains appellent aujourd'hui des *tropes*. Un particulier dépendant est simplement un particulier qui ne peut être et être identifié qu'en connexion avec un autre particulier. Par exemple, le nez de Socrate ou l'angle de cette porte sont des particuliers, mais ce sont des particuliers qui a) sont identifiés en connexion avec d'autres particuliers[2] et b) qui ne peuvent exister que si ces autres particuliers existent. Or on peut admettre que cette notion de dépendance à la fois logique mais surtout ontologique est difficilement compatible avec celle d'individualité. Le nez de Socrate est sans doute un nez particulier ou singulier, mais ce n'est certainement pas un individu[3].

Un individu est donc, au minimum, un *étant par soi*, ce qui élimine donc les parties non détachables et les accidents

1. *Cf.* G. d'Ockham, *Somme de logique*, I, 19, trad. fr. J. Biard, Mauvezin, TER, 2ᵉ éd. 1993, p. 68, qui dit que, selon les théologiens, c'est-à-dire en raison de l'interprétation philosophique de l'Eucharistie, « accidens […] est individuum », « un accident peut être un individu ».

2. On peut évidemment penser à ce nez sans mentionner de qui il est le nez, mais c'est alors simplement que le propriétaire du nez est un constituant inarticulé ou contextuel de la pensée formée à propos de ce nez.

3. On voit donc que la distinction que nous avons introduite entre particulier et individu n'est pas une distinction entre une projection fictionnelle de notre esprit et un étant réel. Un angle de porte est un étant réel : seulement ce n'est pas un étant par soi. Un angle de porte ne doit manifestement d'être mis à part du reste des étants qu'à notre propre pratique d'individuation cognitive. Il apparaît donc que la distinction entre le réel et le fictionnel ou entre l'étant réel et l'étant de raison n'est pas complète. Il y a en effet des étants dont la réalité ou l'étantité ne dépend pas de nous, mais dont en revanche la séparation ou l'individuation dépend de nous. Peut-être pourrait-on distinguer le fictionnel, le construit et le donné.

singuliers. Mais il reste un grand nombre de particuliers qui semblent répondre au concept d'étant indépendant : ce nuage, ce tas de sable, cette automobile, voire cette bataille, etc. sont autant de particuliers qui n'entrent pas dans la catégorie des parties non détachables ou dans celle des accidents singuliers. Mais il est manifeste qu'on peut au moins se demander si un nuage, un tas de sable, une bataille possèdent une véritable individualité. On ne peut donc se servir de la seule notion d'étant par soi pour définir le concept ontologique d'individu. Un individu est certes un étant par soi, mais la perséité n'est pas l'essence de l'individualité, même s'il est possible que l'individualité soit la forme achevée de la perséité. Il faut donc dégager un concept spécifique d'individu.

Il nous semble que le concept ontologique d'individu se laisse définir selon deux axes orthogonaux, qu'on peut appeler l'axe de l'unité interne et l'axe de la différenciation externe ou, si l'on veut encore, l'axe de l'unité et l'axe de l'unicité. Autrement dit, il semble qu'on accordera à une chose d'autant plus d'individualité qu'elle possèdera plus d'unité et plus de différenciation. Le problème est de donner une certaine précision à ces deux notions d'unité et de différenciation.

L'axe de l'unité interne

Commençons par le lien entre individualité et unité. Le concept d'unité est passablement complexe à analyser. On peut en premier lieu distinguer une notion logique et une notion ontologique d'unité. La notion logique désigne ce qu'on appelle aujourd'hui parfois la *comptabilité*[1], c'est-à-dire

---

1. « Numérabilité » est sans doute préférable, à cause de l'équivoque.

l'aptitude à être compté, à être une unité de compte. On peut compter des moutons dans un pré, mais plus difficilement de la neige. En revanche, on peut compter des plaques de neige ou des jours de neige. On dira donc, en un sens, qu'un mouton a plus d'unité que de la neige. Mais on doit aussi reconnaître, à ce même point de vue, qu'il en a autant qu'une plaque de neige, puisqu'un mouton, comme une plaque de neige sont l'un et l'autre « comptables ». Ceci suggère, c'était en tout cas l'idée de Frege[1], que l'unité, au sens de la comptabilité d'une chose, est fonction du concept sous lequel elle tombe : face à une même « chose », on peut compter *deux* chaussures ou *une* paire de chaussures, voire ne rien compter du tout si l'on y voit *de la* chaussure.

Il est en tout cas certain que l'unité, au sens de la comptabilité, ne saurait permettre de définir la notion d'individualité, car on peut compter toutes sortes de choses qui, comme un angle de porte, sont des particuliers comptables, mais pas des individus. On doit donc se tourner vers la notion ontologique d'unité. Il s'agit d'une notion qui est loin d'être simple à analyser. Nous allons donc essayer de distinguer plusieurs composantes de cette notion ontologique d'unité qui sont pertinentes pour définir la notion d'individualité.

Premièrement, la notion d'unité, au sens ontologique, semble liée, moins à celle d'insécabilité, qu'à celle d'*anoméoméricité*. Considérons un tas de sable. Si on le divise en deux, on obtient deux petits tas de sable. En revanche, si on divise un chien en deux, on obtient deux bouts de chien. De même, si on agrège deux tas de sable, on obtient un gros tas de sable, tandis

---

1. Dans *Les Fondements de l'arithmétique*, § 46-47, trad. fr. C. Imbert, Paris, Seuil, 1969, p. 175-177.

que si l'on agrége deux chiens, on n'obtient pas un gros chien. On appelle homéomères les choses dont la division ou l'agrégation produisent des choses de même type[1]. Anoméomères sont en revanche les choses qui ne se laissent pas diviser ou agréger ainsi. Un sous-ensemble notable des anoméomères est constitué par les êtres organisés, qu'ils soient vivants ou artificiels. On obtient donc ce faisant de mettre de côté les agrégats, les tas de sable ou les nuages par exemple qui, pour cette raison n'ont pas d'individualité. On pourrait dire que posséder une individualité, c'est ne pas être réplicable à une autre échelle.

Mais cette notion d'anoméoméricité ne suffit pas à épuiser la partie de la notion ontologique d'unité qui est pertinente pour définir l'individualité. Car il semble que tous les non-agrégats ne soient pas des individus ou ne soient pas des individus au même degré. Quelques autres composants de la notion ontologique d'unité sont donc requis.

Un premier est ce que nous exprimerons par la notion de *frontière*, que nous emploierons de préférence à la notion plus équivoque de limite. Il paraît difficile d'imaginer une chose qui serait à la fois organisée et illimitée. Plus simplement l'idée d'un individu sans contours, d'un individu vague semble contradictoire[2]. Or il y a deux sortes de frontières, les frontières naturelles et les frontières instituées. Un organisme vivant possède des frontières naturelles, tandis qu'un État possède

---

1. Voir Aristote, *Du Ciel*, I, 6, 274a30, *op. cit.*, p. 21.

2. On voit que le problème du vague pourrait n'être que l'effet d'une confusion entre particulier et individu, entre individuation cognitive et individuation ontologique : il peut y avoir du vague dans l'individuation cognitive, mais plus difficilement dans l'individuation ontologique. Sur le problème du vague, *cf.* P. Engel, « Les objets vagues le sont-ils vraiment ? », *Cahiers de philosophie de l'Université de Caen*, n°40-41, 2003, p. 103-120.

des frontières instituées, mais aussi une mer, par exemple la Mer du Nord, ou une montagne, par exemple le Mont-Blanc. Or une différence importante entre frontières naturelles et frontières instituées est la suivante : des frontières instituées peuvent coïncider, au lieu que des frontières naturelles peuvent au mieux entrer en contact. Par exemple un fleuve peut marquer la frontière commune de deux États, tandis que si la peau de deux personnes peut se toucher, elle ne peut coïncider[1]. Les frontières naturelles sont donc en ce sens des frontières propres ou des frontières internes.

La connexion entre cette notion de frontière propre et la notion d'individualité est assez facile à reconstituer. Cette notion de frontière propre représente en effet une séparation *essentielle* vis-à-vis du reste du monde. Par contraste, un objet dont les frontières sont, non pas propres, mais instituées, ne possède pas une séparation essentielle ou nécessaire : deux États peuvent devenir un seul. De plus cette notion de frontière propre représente l'idée d'une séparation nette ou tranchée, par opposition à toutes ces entités mi-naturelles, mi-artificielles aux contours flous que sont une montagne, une mer, une ville. Cette notion de frontière propre constitue donc, sinon une condition nécessaire, du moins un degré supplémentaire d'individualité. Si, par exemple, on veut reconnaître une individualité à un État, force est d'admettre qu'un État a moins d'individualité qu'un être vivant.

Anoméoméricité et frontières naturelles ou propres suffisent-elles à caractériser l'unité ontologique d'un individu ? Si c'était le cas, il faudrait admettre que les *événements*

---

1. Voir B. Smith et A. Varzy, « Fiat and Bona Fide Boundaries », *Philosophy and Phenomenological Research*, vol. 60, n°2, 2000, p. 401-420.

sont des individus. Les événements ont une réalité peu contestable, sinon on ne voit pas de quoi l'Histoire serait faite. En même temps, on peut leur attribuer une forme d'anoméoméricité : un morceau de la bataille de Waterloo n'est pas une petite bataille de Waterloo, mais seulement l'un des nombreux engagements dont était faite cette bataille. En outre, un événement possède des frontières propres, à la fois temporelles, mais aussi spatiales. Toutefois, il y a, semble-t-il, un type d'unité que les événements n'ont pas et qui semble associé à la notion d'individualité : ce qu'on peut appeler l'*identité transtemporelle*. Un événement n'a pas d'identité transtemporelle, au sens où il ne reste pas un et le même au long du temps ou d'une période de temps. On pourrait dire que parce que le temps est dans les événements, ils ne peuvent eux-mêmes être dans le temps. Ou encore, parce que les événements ont une durée propre, ils ne peuvent eux-mêmes être dans la durée.

On peut sans doute se demander pourquoi la notion d'identité transtemporelle devrait être liée au concept d'individu. Sans doute parce que, comme la notion de frontière propre vis-à-vis de l'espace, la notion d'identité transtemporelle manifeste, vis-à-vis du temps, le caractère non accidentel de l'unité individuelle : une unité qui est comme protégée contre le passage du temps ne peut être accidentelle. En outre, parce que l'identité transtemporelle est compatible avec le changement, notamment avec le changement d'aspect ou le changement de matière, elle suggère la présence d'un principe d'unité non phénoménal, une forme unifiante, un patron d'organisation nouménal.

En résumé donc, et sous réserve d'affinements supplémentaires, le concept ontologique d'individu se laisse définir par la notion d'unité interne, d'unité propre et celle-ci se laisse à son tour décomposer dans les notions d'anoméoméricité, de frontières propres et d'identité transtemporelle.

L'axe de la différenciation

Pourquoi le concept d'unité, ainsi décomposé, ne suffit-il pas à définir la notion d'individualité? Parce qu'il y a aussi, dans la notion d'individualité, non seulement celle d'unité, mais aussi celle d'unicité. Ce qui possède une individualité, c'est non seulement ce qui possède une unité propre, mais c'est aussi ce qui est ou qui tend à l'unicité. Or il est manifeste qu'une pluralité d'objets peuvent posséder une unité propre, au sens prédéfini, tout en étant qualitativement identiques les uns aux autres. C'est notamment le cas des artefacts industriels. Une chaîne de production industrielle peut fabriquer une série d'automobiles qualitativement identiques les unes aux autres. Or une automobile répond aux trois critères précédents de l'unité ontologique : elle est organisée, elle possède des frontières internes ou propres, elle conserve son unité au long du temps. Mais il semble pourtant que nous n'attribuerons pas une véritable individualité à une automobile sortant de la chaîne de production et placée parmi une légion d'autres automobiles qualitativement indiscernables. L'individualité semble requérir en outre la différenciation.

Or de la même manière qu'il y a des degrés dans l'unité, il y a aussi clairement, des degrés dans l'unicité ou dans la différenciation. On en distinguera schématiquement trois.

1) Le premier et plus bas degré de la différenciation est celui de la différenciation externe et acquise. Au plus bas niveau de ce plus bas degré, on trouve la *différenciation spatio-temporelle*. Deux Vel Satis bleues sortant de la chaîne de production peuvent être différenciées par leur position

unique dans l'espace et le temps, mais c'est, il faut bien l'avouer, une différenciation faible ou pauvre, parce qu'elle est totalement extérieure à l'unité ontologique que constitue chacune de ces automobiles.

Un degré un peu plus élevé de différenciation est constitué par les accidents ou rencontres qui peuvent peu à peu devenir des qualités propres de la chose et la différencier des choses de même sorte. Telle Vel Satis bleue arborera bientôt une décalcomanie sur sa vitre arrière, un point d'usure apparaîtra sur le siège avant droit, etc. Une somme d'accidents fera donc à la longue l'unicité de ce qui, au départ, ne possédait qu'une généricité ou, plus exactement, une infime spécificité.

2) La différenciation spatio-temporelle, de même que la différenciation accidentelle sont des différenciations externes ou acquises. On peut dire que les individus qui ne sont individués que de l'une ou l'autre de ces deux façons sont moins individués, c'est-à-dire ici moins différenciés que ceux qui le sont de *manière interne et originaire*. Une *œuvre d'art* répond à ce mode de différenciation plus élevé : une œuvre d'art a clairement plus d'unicité ou de différenciation qu'une Vel Satis bleue en fin de carrière, précisément parce que les différences qui singularisent une œuvre d'art sont des différences internes et constitutives. Un autre type d'individus répondant à ce mode de différenciation est constitué par les *vivants*, tels du moins que la biologie contemporaine les décrit. Aux yeux de la biologie contemporaine, tous les êtres vivants à reproduction sexuée sont en effet originellement ou constitutivement différenciés : c'est le polymorphisme génétique qui signifie que chaque être vivant possède une combinaison génétique qu'il est le seul à posséder et qu'aucun de ses descendants ne possèdera. Un vivant est donc, de ce point de vue, triplement différencié ou individué : il occupe une position spatio-temporelle

propre; il fait, au long de sa vie, de bonnes et de mauvaises rencontres qui laissent sur son corps ou sur son comportement des traces différenciantes; enfin il possède une unicité génétique constitutive, une combinaison génétique qu'il est le seul à posséder et qui disparaîtra avec lui.

3) À la différenciation externe et acquise et à la différenciation interne et originaire, on peut toutefois ajouter encore un dernier mode de différenciation qui représente un degré supplémentaire de différenciation: on peut décrire ce dernier mode de différenciation comme celui d'une différenciation interne continuée ou d'une *auto-différenciation permanente*. Si la biologie de Lamarck avait été vraie, on aurait pu dire que ce mode de différenciation se rencontrait chez les êtres vivants qui doivent, en permanence, s'adapter aux plus ou moins bonnes rencontres qu'ils font. Mais la biologie de Lamarck n'est pas vraie. En revanche, il y a au moins un type d'individus qui répondent à ce mode de différenciation, ce sont les individus qui ne sont pas seulement différenciés en soi, mais qui le sont pour soi, autrement dit les *personnes*, les individus capables d'égologie ou de conscience de soi. On ne se penchera pas ici sur le concept de personne[1], mais il y a au moins un sens du concept de personne d'après lequel une personne est un individu conscient de son individualité et, par là même, capable de la *valoriser*. L'autodifférenciation des personnes est donc une sorte de sur-individuation, d'individuation redoublée par son caractère conscient: pour cette raison, on peut donner un nom spécial à l'individuation des personnes et l'appeler «*individualisation*», parce qu'il s'agit clairement non d'une individuation constitutive, mais d'un

---

1. Voir S. Chauvier, *Qu'est-ce qu'une personne?*, Paris, Vrin, 2003.

processus de différenciation. L'individualisation représente donc le degré le plus fort de différenciation, précisément parce qu'il s'agit d'une différenciation à la fois interne et, potentiellement au moins, continuée. Mais parce que l'individualisation est un mode conscient de différenciation, il peut ne pas être vraiment conduit ou ne pas être efficacement conduit : il n'est pas contradictoire de dire de ces individus que sont les personnes qu'ils manquent d'individualité, voire même qu'ils prennent goût à leur indifférenciation.

CONCLUSION

On voit donc, pour conclure, ce qui peut expliquer que les personnes humaines aient tendance à absorber les usages courants contemporains du mot « individu » : elles sont situées en haut de l'échelle de l'individualité. Elle bénéficient de l'individualité déjà élevée des êtres vivants, mais y ajoutent une surindividuation psychologique ou égologique. Mais on voit en même temps ce qu'il y a de philosophiquement injustifié dans cette pratique linguistique. Car la dimension scalaire du concept d'individu ne saurait en réserver l'usage aux seuls occupants du haut de l'échelle. Au contraire, cette dimension scalaire du concept d'individu permet bien plutôt de faire servir la théorie philosophique de l'individuation à un dénombrement et un classement des différents types d'étants. Des concrets massifs sans individualité aux personnes humaines, en passant par les particuliers cognitivement individués, les agrégats passagers et les artefacts intrinsèquement indifférenciés, c'est toute une échelle des étants qui se trouve dressée. Et si, en raison de la simplicité notionnelle du concept d'être, on peut avoir quelque réticence logique à parler de degrés d'être, à affirmer, comme Thomas d'Aquin[1], que l'être de certaines choses est plus débile que l'être de certaines autres, il n'y a en revanche, en raison de la multidimensionnalité du concept d'individu, aucune répugnance logique dans l'idée de degrés d'individualité. On pourrait donc dire qu'une théorie philosophique de l'individuation est tout simplement une investigation ontologique conduite, non sous la raison d'étant, mais sous celle, peut-être plus discriminante, en tout cas clairement hiérarchisante, d'individu.

Stéphane CHAUVIER

---

1. *In Metaphysicam Aristotelis Commentaria*, n°540-543, Taurini, Marietti, 1926, p. 183.

IDENTIFICATION ET INDIVIDUATION

INTRODUCTION

Au sens logique, un individu est le sujet d'une proposition, ce dont on prédique un certain attribut ou dont on affirme qu'il possède une certaine propriété. La distinction ontologique fondamentale pour comprendre l'individualité de certaines entités est alors l'opposition entre les particuliers et les universaux. Un universel est susceptible d'être instancié par plusieurs entités numériquement distinctes. Ainsi, la rougeur est une caractéristique de toutes les surfaces qui instancient cette couleur. On peut appliquer véridiquement le prédicat « est rouge » à tous les objets qui possèdent effectivement cette couleur, c'est-à-dire à toutes les choses rouges. Cela n'a en revanche pas de sens de parler des instanciations, ou des exemplifications, d'un particulier : par définition, une chose particulière est une chose qui n'est instanciée, ou exemplifiée, par aucune autre. Socrate est un particulier, selon cette définition, puisque rien n'exemplifie Socrate [1].

---

1. Socrate lui-même exemplifie *la propriété d'être identique à Socrate*, ce qui ne revient pas à exemplifier *Socrate*.

Il est parfaitement clair que les individus constituent un sous-ensemble de la classe des particuliers. Faut-il cependant réduire l'individualité à la particularité ? Ou faut-il considérer au contraire que la particularité est une condition nécessaire, mais pas suffisante, de l'individualité ? La distinction entre particuliers et universaux est tranchée, elle ne connaît pas de degrés. Un particulier ne l'est pas *plus ou moins*. En revanche il est courant de parler de *degrés* dans l'individualité. Certains individus peuvent en effet paraître plus paradigmatiques que d'autres car mieux individualisés. C'est le cas des organismes biologiques ainsi que des personnes. Stéphane Chauvier, dans le présent volume, propose différents critères permettant de définir des degrés d'individualité, et donc de distinguer les individus, au sens le plus proprement métaphysique, des particuliers.

La perspective de notre contribution est différente. Nous partirons de la notion d'entité particulière, mais nous ne l'aborderons pas sur son versant ontologique. Nous nous interrogerons plutôt sur la façon dont nous *faisons référence*, dans le langage et dans la pensée, aux objets particuliers. La thèse principale que nous présenterons et que nous discuterons a été formulée par Gottlob Frege : faire référence à un objet particulier requiert que l'on soit capable de connaître cet objet, c'est-à-dire de le distinguer de tous les autres objets particuliers.

En quoi la thèse de Frege intéresse-t-elle la philosophie de l'individualité ? En ce que s'il a raison, toute référence, qu'elle soit linguistique ou cognitive, présuppose une identification. Étudier la référence aux objets conduit donc à étudier ce qui nous permet de les différencier les uns des autres. On ne peut parler d'individualité, à propos d'une entité, que s'il est possible de la distinguer des autres entités : pas d'individuation, et donc pas d'individus, sans différenciation. Dans la

suite de cet article, nous entendrons par « individu » tout particulier auquel il est possible de faire référence. Cela ne préjuge
évidemment nullement de l'intérêt ontologique de la distinction particulier/individu, à laquelle la contribution de Stéphane
Chauvier est plus largement consacrée.

Frege, nous le verrons, soutient que nous ne pouvons
penser aux objets particuliers qu'à condition de posséder un
critère d'identité numérique pour ces objets. Rappelons qu'on
distingue l'identité numérique de l'identité qualitative. Au sens
qualitatif, on dit que deux choses sont *les mêmes* pour autant
qu'elles partagent des propriétés. Ainsi, on peut dire de deux
chênes que ce sont les mêmes arbres, car ils partagent la
propriété d'être des chênes. Mais c'est un sens bien plus fort de
l'identité qui intéresse Frege, le sens numérique. L'identité
numérique est une relation qu'une chose ne peut entretenir
qu'avec elle-même. Elle requiert une identité qualitative absolue : si x est numériquement identique à y, noté dorénavant $x = y$,
tout ce qui est vrai de x est vrai de y. Autrement dit, x et y ne
doivent pas partager simplement certaines de leurs propriétés
pour que $x = y$, mais absolument toutes leurs propriétés.

La thèse frégéenne selon laquelle penser à un objet
particulier requiert la possession d'un critère d'identité numérique pour cet objet a d'importantes implications métaphysiques, que nous discuterons. Nous soulignerons pour finir ce
qui nous apparaît comme une limite de cette thèse : élaborée
dans *Les Fondements de l'arithmétique*, donc dans le contexte
d'une discussion sur les nombres, elle s'applique mieux aux
individus abstraits qu'aux individus concrets localisables
dans l'espace et dans le temps. À l'aide de l'analyse de deux
exemples, la référence aux espèces naturelles d'une part, et la
référence démonstrative de l'autre, nous suggérerons que la

capacité à penser à un référent concret ne présuppose peut-être pas toujours la maîtrise d'un critère d'identité pour ce référent.

LA DISTINCTION SUJET/PRÉDICAT
ET LA RÉFÉRENCE AUX INDIVIDUS

On considère traditionnellement qu'il existe une opposition logique entre les êtres particuliers, qui ne peuvent être introduits dans le discours que comme sujets et jamais comme prédicats, et les universaux, qui peuvent apparaître comme sujets aussi bien qu'être attribués comme prédicats. Cette doctrine traditionnelle trouve son origine dans le texte célèbre des *Catégories*, où Aristote souligne qu'une substance première est une entité qui « ne se dit pas d'un certain sujet et n'est pas dans un certain sujet »[1]. La distinction entre les entités qui peuvent être introduites comme sujets et celles qui peuvent l'être comme prédicats vaut aussi dans la logique contemporaine post-frégéenne. Comme nous allons le voir, Frege a développé une conception à la fois très simple et très élégante de l'individualité : est une entité individuelle[2] tout objet auquel l'on peut faire référence dans un énoncé doué de sens.

Selon Frege, les expressions prédicatives comme « être blanc » expriment des concepts, c'est-à-dire des fonctions prenant des objets comme arguments, et produisant des valeurs de vérité. Ces fonctions sont des entités essentiellement

---

1. Aristote, *Catégories*, 2a11, trad. fr. M. Crubellier, C. Dalimier et P. Pellegrin, Paris, GF-Flammarion, 2007.
2. Ou une entité particulière : « objet », « individu » et « particulier » sont des expressions synonymes dans un contexte frégéen.

insaturées : il leur faut être appliquées à des objets pour produire un énoncé complet. Les expressions référentielles désignent quant à elles des individus ou objets, susceptibles de jouer le rôle d'arguments pour ces fonctions. Pour qu'une signification soit exprimée par un énoncé, il faut que celui-ci possède une valeur de vérité, ce qui impose qu'un concept soit appliqué à un objet. Saisir le sens d'une expression prédicative revient à connaître une règle permettant de déterminer à quels individus on peut appliquer véridiquement l'expression, ce qui suppose que l'on sache *ce qu'une chose doit être* pour qu'on puisse la caractériser à l'aide de l'expression. L'idée même selon laquelle on pourrait prédiquer un objet d'un objet, en combinant un nom à un nom, plutôt qu'un nom à une expression prédicative, n'a pas de sens pour Frege, puisque le résultat ne pourra pas être une valeur de vérité [1].

On voit donc qu'il y a une frontière stricte, dans la logique frégéenne, entre les objets ou individus – saturés – et les concepts – insaturés, et que cette frontière peut être déterminée à l'aide d'un critère linguistique. Aussi Frege écrit-il qu'« un nom d'objet, un nom propre, ne peut absolument pas être employé comme un prédicat grammatical » [2]. Dans « la feuille est verte », « est » joue le rôle de copule, c'est-à-dire qu'il participe à l'attribution du prédicat « verte » à l'individu désigné par « la feuille ». Dans « Hespérus est Phosphorus », le « est » exprime en revanche une relation d'identité entre Hespérus et Phosphorus. La phrase a donc la même forme

---

1. G. Frege, « Fonction et concept » (1891), dans *Écrits logiques et philosophiques*, trad. fr. C. Imbert, Paris, Seuil, 1971.

2. G. Frege, « Concept et objet » (1892), dans *Écrits logiques et philosophiques*, *op. cit.*, p. 129.

logique que «Jean embrasse Martine»: ce qui est attribué à Hespérus, ce n'est pas Phosphorus en tant qu'individu, mais bien la propriété d'être identique à Phosphorus.

Le critère grammatical proposé par Frege pour distinguer les particuliers des universaux apparaît cependant fragile. Comme l'a remarqué Frank Ramsey, on peut en effet paraphraser n'importe quel énoncé de forme sujet-prédicat, en inversant le sujet et le prédicat[1]. Ainsi, (1) semble avoir exactement la même signification que (2):

    1) Socrate est sage.
    2) La sagesse est une caractéristique de Socrate.

Les phrases où figurent des verbes transitifs, exprimant des relations logiques, posent également un sérieux problème selon Ramsey. Considérons ainsi la phrase (3):

    3) Brutus a tué César.

Selon le critère grammatical fondant la distinction entre particuliers et universaux, l'entité désignée par le sujet de la phrase, «Brutus», est un particulier, tandis que l'expression prédicative «a tué César» exprime un universel. Mais l'on peut considérer à l'inverse que (3) attribue la propriété universelle d'avoir été tué par Brutus à l'individu César, bien que César soit en position d'objet direct du verbe, et non en position de sujet.

Dans *Les Individus*, Peter Strawson suggère de modifier le critère grammatical frégéen tout en conservant son esprit[2]. Selon lui, les particuliers se distinguent linguistiquement des

---

1. F.P. Ramsey, «Universals» (1925), dans *Philosophical Papers*, D.H. Mellor (dir.), Cambridge, Cambridge UP, 1990, p. 12.
2. P. Strawson, *Les Individus*, *op. cit.*, chap. 6.

universaux non pas, au premier chef, parce que les premiers seraient désignés par les sujets des phrases, et les seconds par les prédicats, mais parce que parler d'un particulier, en dire quoi que ce soit, présuppose que ce dernier soit préalablement *identifié* par l'énonciateur. Considérons l'énoncé (3) à titre d'exemple. Cet énoncé parle de deux individus, Brutus et César, et il établit l'existence d'une certaine relation entre ces individus. Selon Strawson, un énonciateur doit évidemment savoir de quoi il parle pour pouvoir prétendre avoir réellement saisi le sens de son assertion, c'est-à-dire qu'il doit savoir qui est Brutus et qui est César, ou encore qu'il doit pouvoir les identifier. Or, la notion d'identification s'applique en un sens complètement différent aux particuliers et aux universaux. Nous devons bien entendu savoir aussi ce qu'est la relation qui existe entre un tueur et sa victime pour comprendre (3); mais cette connaissance ne repose pas sur l'identification d'une entité existant dans le monde (ou y ayant existé).

Il existe donc bien un critère linguistique permettant de retrouver, sur le plan du langage, la distinction métaphysique entre particuliers et universaux, mais ce critère se fonde sur la façon dont les locuteurs utilisent les mots pour communiquer plutôt que sur la grammaire : nous ne parlons pas de la même façon des particuliers et des universaux, pas plus que nous ne pensons à eux de la même façon. Comme le résume Strawson :

> L'introduction identifiante d'un particulier ou d'un universel dans le discours implique que l'on sache quel est le particulier ou l'universel signifié par l'expression introductrice. Savoir quel est le particulier ainsi signifié implique connaître, ou parfois – dans le cas de l'auditeur – apprendre, à partir de l'expression introductrice utilisée, un fait empirique quelconque qui suffit à identifier ce particulier [...]. Mais savoir quel universel est signifié n'implique pas, de la même manière,

la connaissance d'un fait empirique quelconque : simplement une connaissance du langage [1].

Soulignons la portée de la remarque de Strawson : elle concerne la pensée et la connaissance tout autant que le langage et la communication. Il est en effet nécessaire qu'un agent puisse identifier un objet particulier dans le monde tant pour en parler et communiquer à son propos que pour simplement y penser, pour former des hypothèses le concernant, et éventuellement acquérir des connaissances sur ses caractéristiques.

Qu'est-ce cependant exactement que connaître le référent d'une expression, ou encore qu'être capable de l'identifier ? La théorie que Strawson lui-même développe dans *Les Individus* à propos de cette sorte de connaissance s'inspire fortement de la conception frégéenne de la connaissance des référents. Nous allons donc présenter dans la section suivante les grandes lignes de l'approche frégéenne.

CONNAISSANCE DES INDIVIDUS
ET CONDITIONS D'IDENTITÉ

C'est dans le contexte d'une réflexion sur la signification des énoncés numériques, du type de « 2 + 2 = 4 », que Frege a développé sa théorie de l'identification des référents. Cela peut paraître étrange de prime abord : les nombres ne sont sans doute pas le premier exemple d'individus qui vienne à l'esprit ! Frege est cependant conduit à les considérer comme tels, en raison de son acceptation des deux thèses suivantes :

1. P. Strawson, *Les Individus*, *op. cit.*, p. 208.

i) les propositions arithmétiques, lorsqu'elles sont vraies, sont vraies objectivement et absolument ;

ii) les mots jouant dans les propositions arithmétiques le rôle de noms propres, en particulier les noms de nombres – les chiffres –, désignent des objets.

Nous avons discuté de la proposition (ii) ci-dessus : les nombres sont des objets individuels, car ils sont désignés par des noms propres, les chiffres. De fait, la fonction grammaticale du chiffre « 2 », dans l'énoncé « 2 est un nombre pair », est rigoureusement la même que la fonction du nom propre « Socrate » dans « Socrate est philosophe ». Il en résulte une forme de platonisme : si la proposition selon laquelle $2 + 2 = 4$ est vraie absolument, ce qui semble évident, elle est vraie selon Frege parce que certains objets individuels, désignés par les noms propres « 2 » et « 4 », satisfont certaines conditions.

Pour comprendre une proposition arithmétique attribuant une propriété à un nombre, il faut donc pouvoir identifier celui-ci. Mais le concept d'identification devient évidemment problématique dans le cadre de la discussion, puisqu'un nombre est un objet abstrait que l'on ne peut localiser ni dans l'espace, ni dans le temps. Frege insiste fortement, dans les *Fondements de l'arithmétique*, sur le fait que nous n'avons aucune intuition des nombres, qu'il s'agisse d'une intuition sensible ou d'une intuition intellectuelle : on ne saurait donc les identifier à l'aide de leurs propriétés observables. Son rejet du psychologisme le conduit à rejeter également l'idée selon laquelle nous aurions des représentations mentales des nombres.

Quoique nous ne nous représentions pas les nombres, que nous n'en formions pas d'images, nous pouvons néanmoins y penser, puisque nous y référons dans les énoncés arithmétiques. Le fait qu'aucune image ni sensation ne puisse être associée à un mot n'implique nullement pour Frege que le mot n'ait pas de signification, ni qu'on ne puisse pas connaître adéquatement cette signification. Pour connaître le sens d'un nom propre, il est nécessaire et suffisant selon Frege de posséder un critère d'identité pour le référent de ce nom propre :

> Si le signe a désigne un objet, nous devons avoir un critère qui permette de décider si b est le même que a, même si nous n'avons pas toujours le pouvoir d'utiliser ce critère [1].

Pourquoi la possession d'un critère d'identité est-elle indispensable, selon Frege, à notre connaissance des référents des noms propres, et donc à notre connaissance des objets individuels ? Le cas des noms de nombres est révélateur. Si nos jugements numériques portent sur des objets individuels indépendants les uns des autres, il doit être possible de distinguer ces objets les uns des autres dans la pensée : si ce n'était pas le cas, nous ne pourrions en effet tout simplement ni connaître les conditions de vérité des énoncés numériques même les plus simples, ni déterminer, dans des cas particuliers, leur vérité ou leur fausseté. Considérons par exemple l'énoncé (4) :

4) Le nombre 5 est impair.

Pour comprendre ce que signifie cet énoncé, et pour déterminer s'il est vrai ou non, il faut savoir ce qui différencie 5 des autres nombres, par exemple de 4 et de 6. Il faut donc savoir ce que cela veut dire qu'être le même nombre que 5, plutôt que le même nombre que 4 ou que 6, ce qui revient exactement à connaître, pour reprendre l'expression de Frege,

---

1. G. Frege, *Les Fondements de l'arithmétique*, *op. cit.*, p. 188.

un « critère d'identité » pour ce nombre, c'est-à-dire une explication de ce en quoi consiste le fait d'être le même nombre (et
donc aussi, du même coup, des nombres distincts) :

> [...] sous les termes numériques, il convient d'entendre des
> objets indépendants. Ainsi, nous disposons d'un genre de
> propositions traduisant le fait qu'on reconnaît un objet [...].
> Dans le cas présent nous devons définir le sens de la propo-
> sition : « le nombre qui appartient au concept F est le même que
> celui qui appartient au concept G ». [...] Par là même, nous
> donnerons un critère général pour juger de l'identité des
> nombres [1].

Connaître la référence d'un nom propre *a* suppose ainsi,
selon Frege, que l'on soit capable de reconnaître son référent.
Cette connaissance recognitionnelle prend à son tour la forme
d'une capacité à connaître les conditions dans lesquelles des
jugements d'identité du type « *a* = *b* » sont vrais, pour *b*
quelconque.

Or à quelles conditions, pour deux nombres quelconques
a et *b*, peut-on affirmer que *a* est identique à *b*? Comme les
nombres sont des individus abstraits, nous ne pouvons pas
faire appel à notre connaissance empirique de leurs propriétés.
Selon Frege, les conditions d'identité d'objets individuels
abstraits doivent, en général, être formulées à l'aide de relations d'équivalence portant sur des objets différents d'eux,
et dont la connaissance peut être considérée comme moins
problématique. Prenons l'exemple des directions de droites : il
s'agit bien d'entités qu'on ne peut localiser dans le temps ni
dans l'espace, puisque deux droites peuvent posséder la même

---

1. G. Frege, *Les Fondements de l'arithmétique*, *op. cit.*, p. 188.

direction, même si leurs localisations spatio-temporelles diffèrent. On peut caractériser ainsi leurs conditions d'identité :

> Pour toutes droites X et Y, la direction de X est la même que la direction de Y si, et seulement si, X et Y sont parallèles [1].

La connaissance de ce critère permet à un agent de savoir exactement dans quelles situations deux directions sont les mêmes, à partir du moment où il est capable de déterminer dans quelles situations deux droites sont parallèles. Cela lui confère une connaissance des conditions qui individualisent les directions, qui permettent de les distinguer les unes des autres, et cela l'autorise à référer aux directions comme à des objets individuels.

Le critère d'identité pour les nombres entiers est assez similaire :

> Le nombre d'objets tombant sous le concept A est le même que le nombre d'objets tombant sous le concept B si, et seulement si, les extensions des concepts A et B sont équinumériques.

Bien entendu, Frege donne une définition non-circulaire de l'équinuméricité de deux extensions, qui ne mentionne pas le nombre d'éléments de l'extension. Mais la question qui nous intéresse ici n'est pas celle de la définition des nombres, et le critère ci-dessus illustre d'une façon tout à fait générale l'approche frégéenne de l'individualité des objets : en maîtrisant ce critère, je peux distinguer un nombre donné de tous les autres, puisque je sais exactement ce qui le différencie des autres nombres.

---

1. G. Frege, *Les Fondements de l'arithmétique*, *op. cit.*, p. 189.

LE RÔLE DES CONCEPTS SORTAUX

Résumons-nous. Pour pouvoir faire référence à un individu, ou même pour simplement pouvoir penser à cet individu, il faut pouvoir l'identifier. Selon Frege, cela suppose de connaître un critère d'identité s'appliquant à cet individu. Or, nous venons de constater au travers des deux exemples discutés – les directions des droites et les nombres – que ces critères d'identité peuvent considérablement différer selon les *types de choses* auxquelles on a affaire. Pour connaître les conditions d'identité d'un individu, il faut donc avant tout pouvoir répondre à la question de savoir de quel type de chose il s'agit, ce qui revient à pouvoir lui appliquer ce qu'on appelle un «concept sortal». Strawson présente les caractéristiques des concepts sortaux dans le texte suivant[1] :

> Un universel sortal fournit un principe pour distinguer ou compter les particuliers individuels qu'il rassemble. Il ne présuppose aucune méthode ou principe antécédents pour individuer les particuliers qu'il rassemble. Par contre, les universaux caractérisants, s'ils fournissent des principes pour grouper, et même pour compter, les particuliers, les fournissent uniquement pour des particuliers que l'on distingue déjà ou que l'on peut distinguer par l'emploi d'une méthode ou d'un principe antécédent. En gros, et avec des réserves, certains noms communs qui désignent des particuliers introduisent des universaux sortaux, tandis que les verbes et les adjectifs qui

---

1. On remarquera que Strawson parle d'«universaux» sortaux plutôt que des «concepts sortaux» correspondant à ces concepts. Cela n'a aucune importance relativement à la présente discussion.

s'appliquent à des particuliers introduisent des universaux caractérisants[1].

Selon ce texte, les méthodes ou les règles d'individuation permettant d'appréhender les critères de distinction entre les individus sont associées à une famille de concepts, les concepts « sortaux ». Contrairement aux concepts qui caractérisent simplement des individus déjà constitués, les concepts sortaux fournissent des méthodes d'individuation permettant de différencier les individus les uns des autres. Ainsi le concept exprimé par le prédicat « rouge » est-il caractérisant : il ne s'applique qu'à des entités préalablement individuées ; en revanche, le prédicat « nombre entier » est sortal, puisque, comme nous l'avons vu, maîtriser le sens des concepts numériques suppose de connaître un critère d'identité pour les nombres. De même, les concepts d'espèces naturelles, comme « or », « eau », ou « être humain », sont considérés comme des sortaux.

Un individu n'est pas simplement une entité particulière pouvant être caractérisée par les propriétés qu'elle possède. C'est aussi une entité séparable et distinguable d'autres entités, possédant une unité, et donc susceptible d'être énumérée dans un dénombrement. Or, il n'est pas possible de dénombrer les entités dans l'absolu. Supposez que l'on vous demande de compter ce qui existe dans votre bureau. Comment allez-vous procéder ? La première idée qui vient à l'esprit est de compter les choses particulières concrètes. Mais outre que ce ne sont sans doute pas les seules à exister – il faudrait aussi peut-être prendre en considération les entités abstraites, comme les nombres ou les accidents, par exemple les instan-

---

1. P. Strawson, *Les Individus*, *op. cit.*, p. 189.

ciations de couleurs ou de formes –, la tâche va vite se révéler impossible à réaliser. Faut-il en effet compter les objets de taille moyenne ? Les molécules, par exemple les molécules d'oxygène présentes dans l'atmosphère du bureau ? Les atomes ou les particules élémentaires ? Si l'on compte les particules, faut-il tenir compte des totalités auxquelles elles appartiennent ?

Cette discussion montre qu'on ne peut compter que des entités préalablement individuées, et que nos méthodes d'individuation sont relatives aux concepts qui nous permettent de classer les choses en types distincts. Nous ne comptons pas les choses « en général » (sauf à considérer le concept de « choses » comme un sortal, ce qu'il n'est sans doute pas), mais les animaux, les plantes, les artefacts, ou les personnes, c'est-à-dire des choses classifiées sous des concepts sortaux. S'il est impossible de compter tout ce qu'il y a dans un bureau, il est possible, quoique fastidieux, de compter tous les artefacts qui s'y trouvent[1]. Ce que nous venons de dire concernant le dénombrement des individus vaut aussi de leurs conditions d'identité. On peut d'ailleurs caractériser les noms communs qui expriment des concepts sortaux en soulignant qu'ils figurent typiquement dans la formulation des jugements d'identité.

Demander quelles sont *en soi* les conditions d'identité d'une chose a donc peu de sens, car ces conditions dépendent de la sorte à laquelle la chose appartient : les conditions d'identité d'un ensemble n'ont rien à voir avec celles d'un organisme vivant, par exemple. Il est donc plausible de supposer que la

---

1. Il n'est pas forcément *facile* de dénombrer des entités tombant sous un sortal, comme le montre par exemple la discussion menée par T. Pradeu dans le présent volume à propos des organismes vivants. C'est néanmoins *possible*.

réflexion sur les concepts sortaux auxquels les individus appartiennent joue un rôle central dans notre appréhension de leurs conditions d'identité. C'est la thèse centrale de l'ouvrage *Sameness and Substance Renewed*, de David Wiggins. Selon cet auteur, connaître les conditions de vérité d'un jugement de type $a = b$, lorsqu'il existe un même concept sortal C sous lequel tombent a et b, revient à connaître la méthode d'individuation déterminée par ce concept C, et à pouvoir vérifier, en suivant cette méthode, que a et b sont bien une seule et même chose, à savoir le même C. Nous noterons dorénavant « a est le même C que b » de la façon suivante : « $a =_c b$ ».

Considérons, à titre d'illustration, le cas des individus appartenant au concept sortal des objets matériels de taille moyenne, comme les tables, les arbres ou les animaux. Comment répondre à la question de savoir si une grosse pierre que j'ai laissée dans la forêt il y a un mois est la même pierre que celle que je vois aujourd'hui au même endroit dans cette forêt ? Wiggins considère, de façon plausible, que ce sont les hypothèses que nous pouvons faire sur la trajectoire spatio-temporelle des objets physiques de taille moyenne qui nous permettent en général de répondre à ce genre de question : il sera d'autant plus probable qu'il s'agisse de la même pierre qu'on pourra facilement imaginer une trajectoire continue, dans le temps et l'espace, menant de sa première localisation à la seconde. C'est notre connaissance préalable de ce qu'est un objet matériel de taille moyenne qui nous procure un accès à cette méthode d'individuation.

Il convient de souligner que c'est notre *connaissance* des conditions d'identité des individus qui dépend de notre maîtrise des concepts sortaux et qui lui est relative. Le rôle de ces concepts est donc pour le moment épistémologique et non métaphysique. On peut se demander, bien entendu, si l'identité elle-même des individus est relative à des sortes, ou si au contraire la relation d'identité qu'un individu entretient avec lui-même est absolue plutôt que relative. Mais il s'agit d'une question ontologique, qui diffère de celle que nous avons discutée pour le moment. Nous allons maintenant l'aborder.

L'IDENTITÉ DES INDIVIDUS EST-ELLE RELATIVE
AUX SORTES AUXQUELLES ILS APPARTIENNENT?

Selon Peter Geach [1], la relation d'identité elle-même n'est pas absolue, mais relative aux concepts sortaux. Il s'agit donc selon lui d'une relation à trois termes, « X est le même C que Y », où C est un concept sortal, et non une relation à deux termes, « X est le même que Y ». Si cette conception de l'identité s'avère correcte, il doit être possible de mettre en évidence des situations dans lesquelles un jugement d'identité affirmant que X et Y sont les mêmes est vrai relativement à un certain concept sortal C, mais faux relativement à un autre concept sortal D. À vrai dire, l'existence supposée de telles situations motive en grande partie la thèse de la relativité de l'identité, et nous allons donc en discuter quelques-unes.

Considérons d'abord l'exemple suivant, librement inspiré d'une discussion entre P.T. Geach et L. Linsky. Supposons qu'il ait été nécessaire en 3050, à la suite des dégâts causés par l'érosion au cours du temps, de changer toutes les pierres de granit composant l'obélisque de Louxor, mais que celui-ci soit resté à la même position qu'aujourd'hui, place de la

1. P.T. Geach, « Identity », *Review of Metaphysics*, 21, 1967, p. 3-12, repris dans *Logic Matters*, Oxford, Blackwell, 1972, p. 238-247.

Concorde. Il semble que l'on puisse affirmer simultanément les deux énoncés suivants, dans lesquels la première occurrence du démonstratif « ce » réfère (à chaque fois) à l'obélisque de Louxor en 1836, et la seconde à l'obélisque en 3050 :

5) Ce bloc de granit n'est pas le même que ce bloc de granit.
6) Ce monument est le même que ce monument.

Puisqu'on a supposé que chaque partie en granit de l'obélisque a été changée entre 1836 et 3050, il paraît légitime d'affirmer que le bloc de granit observable en 3050 place de la Concorde n'est plus le même que celui qui fut érigé en 1836. Mais d'un autre côté, le monument est resté le même : les conditions d'identité d'un monument en granit ne sont en effet pas les mêmes que celles du bloc de pierre qui le compose, et il semble plausible d'affirmer que dans un tel cas, nous considérerions que le monument est resté identique à lui-même au cours du temps ; de même, si l'on changeait toutes les parties métalliques de la Tour Eiffel, cette dernière ne disparaîtrait pas pour autant en tant que monument. On voit qu'on a donc un énoncé qui possède la forme suivante :

$X = Y$ relativement à C, mais $X \neq Y$ relativement à D.

où C est le concept sortal « bloc de granit » et D le concept sortal « monument ».

D'autres problèmes similaires ont été soulevés pour la conception absolue de l'identité. Celui dit du « bateau de Thésée » est particulièrement célèbre : le bateau de Thésée, dont on a remplacé toutes les parties matérielles les unes après les autres dans le port d'Athènes entre t_1 et t_2, est-il le même au moment t_1 et au moment t_2 ? Si l'on adhère à la conception relativiste de Geach, on pourra répondre qu'il est resté le même artefact – plus précisément, le même bateau –, mais qu'il n'est plus le même objet matériel.

La thèse de la relativité de l'identité peut paraître très séduisante dans de nombreux domaines de la philosophie de l'individualité. Considérons par exemple le problème de l'identité personnelle. Une question importante, dans ce domaine, est la suivante : les personnes peuvent-elle conserver leur identité lorsque toutes les parties de leur corps ont été modifiées ? Une personne peut-elle par exemple continuer à exister si on lui greffe un nouveau cerveau, si l'on suppose que ses souvenirs ont pu être transplantés dans ce dernier ? On pourrait être tenté de dire dans un tel cas que l'individu a cessé d'exister en tant qu'animal, ou qu'organisme, mais qu'il perdure en tant que personne [1].

La théorie de l'identité relative paraît donc motivée par de nombreuses intuitions. Malheureusement, nous allons voir qu'elle n'est pas compatible avec la conception classique de l'identité numérique [2]. Le cœur de cette conception traditionnelle peut être résumé par deux axiomes :

(Id1) Pour tout x, $(x = x)$.
(LL) Pour tout x, pour tout y, si $(x = y)$, alors [si Px, Py]).

Le premier de ces axiomes exprime la réflexivité de l'identité : toute entité concevable est identique à elle-même. Le second axiome correspond à ce qu'on appelle souvent la loi de Leibniz, ou le principe d'indiscernabilité des identiques, et il signifie que les mêmes choses ne peuvent différer par

---

1. Voir la contribution d'É. Baget, p. 151-175.
2. Je reprends ici, en le résumant, un argument de D. Wiggins, *Sameness and Substance*, Oxford, Blackwell, 1980, 2ᵉ éd. *Sameness and Substance renewed*, Cambridge, Cambridge UP, 2001, chap. 1.

quelque propriété que ce soit. Ces deux axiomes suffisent pour déduire les autres caractéristiques principales de la relation d'identité telle qu'on la conçoit traditionnellement :

> (Id2) Pour tout x, pour tout y, si $(x = y)$ alors $(y = x)$ (Symétrie de l'identité).
> (Id3) Pour tout x, pour tout y, pour tout z, si $(x = y$ et $y = z)$ alors $(x = z)$ (Transitivité de l'identité).

La conjonction des axiomes (Id1), (Id2) et (Id3) définit une relation d'équivalence, au sens logique du terme. Il ne suffit cependant pas qu'une relation satisfasse ces trois axiomes pour qu'on puisse être sûr qu'il s'agit de la relation d'identité : la relation exprimée par l'expression «avoir le même père que», par exemple, est une relation d'équivalence mais n'est pas la relation d'identité. La loi de Leibniz joue donc un rôle éminent dans notre compréhension de l'identité. Sa converse, (CLL), semble être à vrai dire au cœur de nos raisonnements sur l'identité et la distinction des individus :

> (CLL) Pour tout x, pour tout y, (si $[Px$ et non $Py]$ alors $x \neq y$).

Pour montrer que x est différent de y à un moment donné, on considère en effet comme suffisant de trouver une propriété possédée par x à t, mais pas par y au même moment. Si un avocat parvient à montrer, par exemple, que le coupable d'un crime possède une propriété que son client ne possède pas, cela suffit pour qu'il puisse établir que son client n'est pas le coupable. Un tel principe de raisonnement semble difficilement négociable : il paraît découler du sens minimal que chaque locuteur associe au concept d'identité.

Or, il est facile de montrer par l'absurde qu'une relation d'identité relativisée aux concepts sortaux ne pourrait pas satisfaire les deux axiomes (Id1) et (LL)[1]. Supposons qu'on ait la situation suivante, concevable pour un théoricien de l'identité relative :

8) $a =_C b$ et $a \neq_D b$

Supposons par ailleurs que les relations exprimées par « $=_C$ » et par « $=_D$ » satisfassent les axiomes (Id1) et (LL). On a :

$a =_C b$ et (si $a =_C b$ alors [si Pa alors Pb])
$a =_C b$ et (si $a =_C b$ alors [si $a =_D a$ alors $a =_D b$]) [en remplaçant « P » par « $a =_D$ »]
$a =_D a$ [d'après Id1]
[si $a =_D a$ alors $a =_D b$]
$a =_D b$

La conclusion contredit l'hypothèse (8) selon laquelle $a \neq_D b$.

Contraints de choisir entre la théorie relativiste de l'identité et la conception traditionnelle, la plupart des philosophes choisissent la théorie traditionnelle, tant les principes (Id1) et (LL) paraissent fondamentaux. C'est en particulier le cas de Wiggins : tout en reconnaissant l'importance épistémologique des concepts sortaux, qui fournissent les critères permettant d'individuer les particuliers auxquels nous faisons référence, ce dernier maintient que l'identité est une relation absolue, que tout individu entretient avec lui-même et avec nulle autre entité. Rejeter la conception relativiste de l'identité oblige bien entendu à revenir sur les paradoxes de l'identité, que nous avons mentionnés au début de ce paragraphe.

1. D. Wiggins, *Sameness and Substance renewed, op. cit.*, p. 24-27.

Considérons de nouveau l'exemple de l'obélisque de Louxor. Si l'on refuse de relativiser l'identité aux concepts sortaux, on peut malgré tout résoudre la difficulté soulevée en insistant sur l'ambiguïté du verbe « être », qui peut exprimer la façon dont un individu est constitué, tout comme son identité métaphysique. Lorsqu'on dit que l'obélisque, en 1836, est un certain bloc de granit, on veut sans doute dire qu'il est *constitué matériellement* par ce bloc de pierre; mais si l'on considère qu'il appartient à la sorte des monuments, donc à un type d'artefact, il est peu probable qu'on puisse véritablement *l'identifier* à cet objet matériel. Selon ce point de vue, deux individus distincts cohabitent, à tous les instants entre 1836 et 3050, sur la place de la Concorde : un certain bloc de granit, qui n'est plus le même au fur et à mesure que ses parties matérielles sont modifiées, et un artefact, qui maintient son identité au cours du temps. Rigoureusement la même analyse peut être développée à propos du bateau de Thésée : si l'on considère que le bateau est un artefact, on ne peut l'identifier à la somme méréologique des planches qui le composent; le paradoxe n'en est alors plus vraiment un, puisque le bateau, qui est un artefact, peut subsister au remplacement de toutes ses parties matérielles. De façon similaire, on peut également soutenir, si l'on adhère à la conception lockéenne de l'identité personnelle, qu'une personne et son corps (ou, pour reprendre la terminologie en vigueur actuellement, « l'animal » constitué par le corps) correspondent à deux individus différents numériquement, quoique situés exactement dans la même zone spatio-temporelle [1].

---

[1]. Voir la contribution d'É. Baget, p. 151-175.

INDIVIDUER ET IDENTIFIER
LE CAS DES OBJETS CONCRETS

Selon Wiggins, l'individuation des individus est donc relative aux concepts sortaux, mais pas leur identité métaphysique, qui, elle, est absolue. Les conditions d'individuation et de persistance dans le temps – pour les individus concrets – varient avec le type d'entité dont il est question dans un raisonnement, type spécifié par le concept sortal permettant de classifier l'entité. Ainsi, une théorie de l'individuation des objets matériels sera différente d'une théorie de l'individuation des organismes biologiques, des personnes, ou, pourquoi pas, des entités sociales ou politiques.

Wiggins défend donc un « essentialisme individuatif » : lorsque nous faisons référence à un individu, celui-ci tombe toujours sous un concept sortal spécifiant ses conditions d'individuation, mais également son essence, au moins en un sens minimal [1]. C'est en effet le concept sortal qui détermine les propriétés dont on peut concevoir légitimement que l'individu aurait très bien pu ne pas les posséder, et celles pour lesquelles c'est parfaitement inconcevable. Ainsi, le concept sortal sous lequel tombe Jules César, « être humain », nous indique qu'il aurait pu ne pas traverser le Rubicon ou ne pas conquérir la Gaule, mais pas, par exemple, ne pas être composé de cellules. Jules César, selon les conditions d'individuation associées au sortal « être humain », ne serait plus *lui-même* s'il était entièrement composé de silicone.

Les relations complexes qu'entretiennent l'individuation des entités et leur identification par le langage et la pensée sont

---

1. Voir la contribution de F. Drapeau Vieira Contim, p. 67-96.

cependant complexes. Nous sommes partis, dans cet article, de l'exemple frégéen des nombres, donc du cas d'objets abstraits. Or, il s'agit d'un cas sans doute très spécifique. On ne peut en effet pas identifier un nombre spécifique par la pensée – par exemple, le nombre 4 – si l'on ignore tout des conditions d'individuation des nombres. Conditions d'identification et d'individuation coïncident donc dans le cas des nombres. Mais il n'en va pas de même dans le cas des individus concrets.

Tout être humain normal dispose par exemple d'une capacité à identifier et à réidentifier visuellement les personnes qui lui sont familières, c'est-à-dire avec lesquelles il a eu des interactions. Cette capacité, qui repose sur un mécanisme automatique de reconnaissance des visages, est non-conceptuelle, au sens ou nous n'avons pas besoin de maîtriser quelque concept que ce soit – et en particulier le concept de personne – pour la déployer. Il n'est donc évidemment pas nécessaire de connaître les conditions d'identité des personnes pour les identifier.

Bien souvent, nous sommes capables d'identifier les membres d'une sorte, sans rien savoir de leur nature. Cela ne contredit pas la thèse centrale de Wiggins : selon lui, la question de l'identité d'un individu ne prend son sens qu'à partir du moment où il existe un concept sortal pour cet individu, susceptible de fournir ses conditions d'individuation. Cela n'implique nullement qu'il soit nécessaire de connaître la méthode d'individuation en question pour pouvoir identifier l'individu.

Considérons ainsi le cas des espèces naturelles, en premier lieu des substances chimiques comme l'eau ou l'or. Les locuteurs de notre communauté linguistique parviennent à faire référence à ces substances de façon parfaitement compétente sans connaître leur nature interne. Comme le souligne Putnam, ce n'est pas la connaissance d'une description détaillée qui nous permet d'utiliser les concepts d'espèces naturelles, mais plutôt des capacités recognitionnelles renvoyant à la connaissance de certains exemplaires typiques de l'extension [1]. Très simplement, un locuteur du français peut appliquer correctement le mot « eau » à la substance aqueuse non pas parce qu'il connaîtrait une description scientifique de sa composition chimique, mais parce qu'il est capable de reconnaître des exemplaires typiques d'eau. Cependant, et les discussions célèbres de Putnam rejoignent sur ce point la théorie de Wiggins, c'est bien la nature profonde de la substance ainsi désignée dans la communauté qui détermine l'extension du concept « eau » : vaut en effet comme de l'eau tout ce qui est *la même substance naturelle que ceci*, où « ceci » désigne un exemplaire typique d'eau dans notre environnement.

Il n'y a donc pas de raisons particulières de penser que les conditions d'individuation associées à une sorte d'individus soient accessibles à la réflexion pure *a priori*. Nos pratiques linguistiques reposent sur des capacités d'identification qui ne débouchent bien souvent pas, pour les substances matérielles, sur autre chose que sur une simple esquisse de théorie de l'individuation pour la sorte donnée. La recherche scientifique sur la nature des individus joue donc un rôle au moins aussi important que la réflexion philosophique dans l'élaboration d'une théorie complète de l'individuation d'une sorte donnée [2].

---

1. H. Putnam, « The meaning of meaning », dans *Mind, Language and Reality. Philosophical Papers*, vol. II, Cambridge, Cambridge UP, 1975, p. 215-271.

2. Voir la contribution de Th. Pradeu, p. 97-125.

Les êtres vivants constituent une illustration particulièrement riche de la complexité des relations qu'entretiennent
l'identification des individus par la pensée et le langage avec
leurs conditions d'individuation. Dans notre psychologie
naïve, nous considérons que ces êtres appartiennent à des types
naturels, que nous classons à l'aide de concepts sortaux. Or, il
n'existe pas toujours de convergence entre les classifications
effectuées dans les langues naturelles, et les classifications
scientifiques opérées par les experts. John Dupré cite ainsi de
nombreux exemples de plantes et d'animaux regroupés sous
un même nom commun, en raison de la proximité de leurs
propriétés superficielles, et pourtant d'espèces différentes.
Inversement, il rapporte certains cas dans lesquels des plantes,
qui diffèrent par leurs caractéristiques superficielles, ont
des noms différents, alors qu'elles appartiennent à la même
espèce[1]. Il ne va en fait même pas de soi que les espèces
vivantes constituent des classes naturelles possédant une
essence susceptible d'individuer leurs membres, puisque
certains philosophes de la biologie les considèrent elles-mêmes
comme des individus localisables dans l'espace et le temps
plutôt que comme des sortes[2].

L'exemple des espèces naturelles montre que la thèse
forte de Frege doit être au moins très sérieusement nuancée :
nous pouvons faire référence aux individus qui leur appartiennent sans forcément toujours connaître de critère d'identité pour ces individus. Identification cognitive et individuation ontologique semblent donc devoir être nettement

1. J. Dupré, « Biological taxa », *The Philosophical Review*, 90, 1981,
p. 66-90.

2. Voir la contribution de J. Gayon, p. 127-150.

séparées [1]. La thèse plus faible défendue par Wiggins doit-elle être également nuancée? Est-il possible, autrement dit, de faire référence à un objet sans rien savoir, même implicitement, de la sorte à laquelle il appartient? Notons que la thèse de Wiggins n'est pas simplement métaphysique. On peut en effet accorder facilement que tout objet existant appartient à une sorte, dont la nature peut être étudiée scientifiquement. Mais l'essentialisme individuatif a également un versant cognitif et épistémologique, puisqu'il soutient que lorsque nous identifions un objet en le distinguant des autres objets, c'est toujours *en tant qu'il appartient à telle ou telle sorte*.

Cet aspect de la théorie de Wiggins suscite actuellement un débat. John Campbell soutient ainsi que la référence démonstrative, fondée sur la vision, est antérieure à toute classification sortale [2]. Selon lui, un agent peut prêter consciemment attention à un objet en le désignant mentalement à l'aide d'un démonstratif – c'est-à-dire un terme comme « ceci » ou « cela » –, et cette focalisation attentionnelle permet de le distinguer des autres objets, sans qu'il soit nécessaire pour l'agent de rien savoir du type d'objet auquel il prête attention, ni de posséder un concept sortal susceptible de lui être appliqué. Considérons une scène visuelle, par exemple une pelouse sur laquelle poussent quelques arbres et où se sont posés des oiseaux. D'après Campbell, il suffit de prêter visuellement attention à l'un des objets présents dans la scène pour pouvoir y faire référence comme à un « ceci » : « la connaissance de la référence d'un démonstratif provient de l'attention consciente

---

1. C'est également l'une des thèses défendues par S. Chauvier, p. 11-35.
2. J. Campbell, *Reference and Consciousness*, Oxford, Oxford UP, 2002, p. 79-83.

que nous portons à l'objet pertinent »[1]. Les discussions de Campbell sont riches, complexes, et controversées[2]. Il n'est pas question d'en exposer ici les détails. Nous retiendrons qu'il est possible de soutenir, contre Wiggins, qu'au moins certains modes de référence aux objets sont indépendants de toute classification sortale.

CONCLUSION

De la conception frégéenne de la référence, nous pouvons retenir qu'il faut connaître un objet particulier pour pouvoir y faire référence dans le langage ou par la pensée. Cela suppose d'être capable de le distinguer des autres objets, donc de l'individuer au moins au sens cognitif du terme[3]. Y a-t-il un lien nécessaire entre individuation cognitive et individuation ontologique ? Certainement dans le cas des objets abstraits. Nous avons vu en effet qu'on ne pouvait distinguer un nombre des autres nombres sans connaître un critère d'identité permettant de répondre à la question de savoir ce que c'est que d'être un nombre particulier donné, et la discussion frégéenne de l'individuation des nombres peut être généralisée aux autres objets abstraits. Le cas des objets concrets est plus complexe.

1. J. Campbell, *Reference and Consciousness*, *op. cit.*, p. 83.

2. Pour une défense du point de vue de Wiggins, voir A. Clark, « Attention and Inscrutability : A Commentary on John Campbell's *Reference and Consciousness* », *Philosophical Studies* 127, 2006, p. 167-193, ainsi que la réponse de Campbell dans la même revue, « Does Visual Reference Depend on Sortal Classification ? Reply to Clark », *Philosophical Studies* 127, 2006, p. 221-237.

3. Voir encore la contribution de S. Chauvier, p. 11-35.

Certes, leur appartenance à des sortes nous permet de les distinguer les uns des autres au travers de la maîtrise de leurs conditions d'identité. Il ne va cependant pas de soi qu'il soit nécessaire de concevoir un objet comme appartenant à une sorte donnée pour pouvoir y faire référence, puisqu'il semble possible de faire démonstrativement référence aux choses qui nous entourent indépendamment de toute classification sortale.

Pascal LUDWIG

ESSENCE, IDENTITÉ, INDIVIDUALITÉ

Nous examinerons ici le bien-fondé de l'essentialisme, la thèse selon laquelle il existe des essences dans la nature. Laissant de côté la question moins litigieuse de l'essence des objets abstraits comme les nombres ou les ensembles, notre attention se portera exclusivement sur les individus, compris ici comme des particuliers concrets. Peut-on attribuer des essences aux individus? Si tel est le cas, sont-elles seulement *générales*, c'est-à-dire communes à plusieurs individus, ou n'y a-t-il pas aussi des essences *individuelles*, propres à chacun? Pour beaucoup, ces deux questions sont dépendantes l'une de l'autre du fait de l'intrication des notions d'essence et d'identité. Il paraît en effet impossible d'attribuer une essence, même générale, à un individu sans avoir une idée de ses conditions d'identité. Inversement, l'identité individuelle soulève un certain nombre de difficultés, notamment en matière de possibilité, dont la résolution semble exiger la reconnaissance d'essences individuelles. Nous suggérons au contraire de briser le cercle de l'essence et de l'identité et d'adopter une notion d'essence générale qui ne doit rien à l'identité individuelle.

Essence et modalités *de re*

Qu'entend-on par « l'essence » d'une chose ? La question est rendue difficile par l'équivocité qui entache l'histoire du terme et qui lui vaut sans doute sa mauvaise réputation. Plutôt que d'en retracer les usages, on se contentera de dégager deux grandes conceptions[1]. La première adopte un modèle *définitionnel* de l'essence. Selon cette conception, donner l'essence d'une chose c'est en donner la définition, c'est-à-dire livrer les propriétés qui font que cette chose est ce qu'elle est, par différence avec toutes les autres. On la retrouve par exemple sous la plume de Locke lorsqu'il définit l'essence comme « l'être même de quelque chose, par laquelle il est ce qu'il est »[2]. En un sens d'identité qui reste encore à préciser, l'essence doit donc saisir l'identité de la chose à laquelle elle est attribuée. La seconde conception caractérise l'essence non pas en termes d'identité ou de définition mais en termes *modaux*, c'est-à-dire au moyen des notions de nécessité ou de possibilité, comme dans cet extrait où Mill dit de l'essence que « c'est ce sans quoi la chose ne pourrait ni être, ni être conçue »[3]. Selon cette conception, l'essence d'un objet c'est l'ensemble des propriétés qu'il possède *nécessairement*, celles sans lesquelles il n'aurait pas pu exister. En termes leibniziens, c'est l'ensemble des propriétés que cet objet possède dans tous

1. Nous empruntons cette distinction à K. Fine, « Essence and Modality », *Philosophical Perspectives*, vol. 8, 1994, p. 1-16. Voir aussi E.J. Lowe, « La métaphysique comme science de l'essence », dans E. Garcia et F. Nef (éds.), *Métaphysique contemporaine*, Paris, Vrin, 2007, p. 85-117.

2. J. Locke, *Essai sur l'entendement humain*, Paris, Vrin, 2006, 2ᵉ éd., livre III, chap. 3, § 15.

3. S. Mill, *Système de logique*, Liège, Mardaga, 1988, Livre I, chap. 6, § 2.

les mondes possibles où il existe (le monde actuel) ou aurait pu exister (des mondes purement possibles). On tient alors à souligner le contraste qui existe entre ses propriétés essentielles et ses propriétés « accidentelles » ou *contingentes*, c'est-à-dire celles qu'il possède actuellement mais qu'il aurait très bien pu ne pas avoir dans d'autres circonstances. Ainsi Platon possède-t-il la propriété d'être un homme et celle d'être l'auteur des *Lois*, mais seule la première lui est essentielle, car s'il aurait très bien pu s'abstenir d'écrire, il n'aurait pas pu exister sans être un homme. On remarquera que dans la conception modale, le discours sur l'essence entretient un rapport étroit avec l'usage *de re* de la modalité : parler de l'essence d'un objet revient à utiliser l'adverbe « nécessairement » non pas seulement « *de dicto* », c'est-à-dire en l'attribuant à une phrase complète ou à la proposition qu'elle exprime, comme dans « il est nécessaire que $5 + 7 = 12$ », mais encore « *de re* », afin de caractériser le rapport entre un objet et sa propriété, et plus exactement la façon dont il l'exemplifie – nécessaire ou contingente.

De ces deux conceptions de l'essence, il est juste de dire que la première est tombée aujourd'hui en désuétude là où la seconde connaît une seconde jeunesse depuis les années 60-70, avec l'essor de la logique modale quantifiée. Nous traiterons donc du problème de l'essence sous l'angle modal, mais en prenant soin de ne pas assimiler, comme on l'a fait plus haut, essence et nécessité *de re*. Il y a à cela deux raisons.

Tout d'abord, si toute propriété essentielle est nécessaire, la converse n'est pas vraie. Si l'existence d'un ensemble ne requiert que celle de ses membres, alors dans tous les mondes possibles où Platon existe, le singleton {Platon} existe aussi, ce qui implique que Platon possède nécessairement la propriété d'appartenir à {Platon}. Pourtant cette relation à un ensemble, un objet abstrait, ne lui est pas essentielle car elle n'a tout simplement rien à voir avec son essence, à ce qui fait l'individu concret qu'il est. En revanche, le fait que {Platon} ait pour membre Platon relève bien de l'essence de ce singleton. C'est pourquoi, en dépit de l'interconnexion nécessaire de leur existence, Platon doit figurer dans l'essence de {Platon} sans que cela soit réciproque. Cet exemple, choisi parmi tant d'autres, montre que si l'essence d'une chose est une *source* de nécessités *de re*, elle n'est pas pour autant définie par elles. Le vieux modèle définitionnel de l'essence a donc encore de beaux jours devant lui.

Enfin, l'acceptation de nécessités *de re* ne constitue pas à elle seule un critère de l'essentialisme. Supposons par exemple qu'on soutienne que seules des propriétés triviales comme « être un homme ou ne pas être un homme » ou « être identique à soi » sont nécessaires. Cela revient à dire que tous les objets, *quelle que soit leur sorte*[1], les nombres, les personnes, les bactéries ou les chaises, ont exactement les mêmes propriétés nécessaires et donc la même essence, ou, pour le dire autrement : tous les individus ne diffèrent que par leurs propriétés accidentelles. D'après cette position, je diffère de cette table en face de moi, parce que j'ai une propriété qu'elle n'a pas, celle d'être une personne, mais cette propriété est accidentelle : j'aurais pu être une chaise et non une personne comme cette table aurait pu être une personne et non un artefact. On ne voit plus alors très bien ce qui incombe à la notion d'essence. On attend de l'essence d'une chose qu'elle borne les possibilités qui lui sont offertes. Or quelles sont ici

---

1. Sur les sortes et les concepts sortaux, voir la contribution de P. Ludwig, p. 37-65.

les contraintes? Un objet aurait pu avoir à peu près n'importe quelle propriété pourvu que celle-ci respecte la logique. Il est donc plus vraisemblable que ces nécessités *de re* triviales prennent leur source dans la signification des constantes logiques, et non dans la nature des choses : le sens du symbole d'identité, de la disjonction, de la négation, etc. Et si la nécessité n'est que verbale, alors l'essence n'a plus droit de cité.

On a à présent une idée plus claire de l'engagement que doit prendre l'ami des essences. Celui-ci ne peut pas se contenter d'affirmer que les individus ont des propriétés nécessaires; il doit surtout soutenir qu'ils n'ont pas tous les mêmes propriétés nécessaires. Il doit y avoir des individus différant non seulement par leurs propriétés accidentelles mais aussi par leurs propriétés nécessaires, au sens où la propriété nécessaire de l'un est impossible pour l'autre. D'un point de vue logique, cet essentialisme minimal n'implique pas la thèse beaucoup plus forte d'après laquelle *tous* les individus devraient différer par des propriétés nécessaires, auquel cas on admettrait des essences individuelles. On se contente ici d'affirmer que l'essence n'est pas homogène car elle reflète la variété des sortes existant dans la nature. Ceci reste parfaitement compatible avec l'idée que l'essence doit être générale, autrement dit partageable en principe par des individus de même sorte (par exemple deux hommes, Socrate et Platon). Néanmoins, sous la pression de certaines difficultés soulevées par Quine, on peut se demander si on peut en rester à cette forme modérée d'essentialisme, ou s'il ne faudra pas au contraire le pousser jusqu'au bout, c'est-à-dire jusqu'à la reconnaissance d'essences individuelles.

La critique quinienne des modalités *de re*

Des critiques vigoureuses que Quine a adressées à la logique modale quantifiée dans les années 40-60, on ne retiendra ici que celles qui touchent à sa prétendue compromission dans l'essentialisme. On discutera deux grandes objections. Dans les deux cas, la cible désignée est la modalité *de re*, et à travers elle, la notion d'essence. La première objection consiste à dire que l'idée de nécessité *de re* est incohérente car les attributions modales sont toujours relatives à la façon dont on réfère aux individus. La seconde vise à nous dissuader d'utiliser la modalité *de re* en arguant qu'elle requiert un critère de l'identité des individus au travers des mondes possibles, ce qui justement fait défaut selon Quine.

La relativité des attributions modales

Intéressons-nous à la première objection[1], légèrement retouchée. On sait que Romain Gary publia *Les racines du ciel* (RC) sous ce pseudonyme, puis *La vie devant soi* (VS), sous le pseudonyme d'« Émile Ajar ». Il est trivialement vrai que[2] :

   1) $\square$ (L'auteur des RC est l'auteur des RC).

Par ailleurs, comme c'est un fait contingent que ces deux romans aient été écrits par la même personne – rappelons qu'on a longtemps cru qu'on avait affaire à deux auteurs –, on doit accepter la vérité de la formule également *de dicto* :

   2) $\neg\square$ (L'auteur de VS est l'auteur des RC).

---

1. W.V. Quine, « The Problem of Interpreting Modal Logic », *Journal of Symbolic Logic*, 12, 2, 1947, p. 43-48.
2. Le carré symbolise l'opérateur « il est nécessaire que ».

Jusque là, rien d'incohérent. Supposons à présent qu'on soit d'avis que la nécessité utilisée dans ces formules n'est pas seulement verbale ou *de dicto*, mais qu'elle dit aussi quelque chose des propriétés nécessaires de la personne dont on parle, et notamment de la propriété d'être l'auteur des RC, qui intervient à la fois dans (1) et (2). On s'autorise alors une inférence de la nécessité *de dicto* à la nécessité *de re*, en remplaçant la première occurrence du terme « l'auteur des RC » dans (1) par une variable qui se trouve liée par un quantificateur existentiel dans la portée duquel figure l'opérateur de nécessité. On obtient la formule (1') :

1') $(\exists x)\,[(x = l'auteur\,des\,RC)\,et\,\Box\,(x\,est\,l'auteur\,des\,RC)]$.

Même chose pour (2), d'où on tire la formule *de re* :

2') $(\exists x)\,[(x = l'auteur\,de\,VS)\,et\,\neg\Box\,(x\,est\,l'auteur\,des\,RC)]$.

Malheureusement, comme l'auteur des RC n'est autre que l'auteur de VS, on doit inférer à partir de (1') et (2') la formule (3), qui est contradictoire puisqu'elle dit qu'une même personne possède une propriété, celle d'être l'auteur des RC, qui est à la fois nécessaire et contingente !

3) $(\exists x)\,[\Box\,(x\,est\,l'auteur\,des\,RC)\,et\,\neg\Box\,(x\,est\,l'auteur\,des\,RC)]$.

Pour Quine, ce genre de contradiction guette tout discours qui outrepasserait l'usage *de dicto* de la modalité. Le problème vient selon lui de ce que les attributions de nécessité sont *relatives à notre langage*, et notamment aux termes singuliers utilisés. Lorsqu'elle est attribuée *de dicto* comme dans (1), la nécessité est moins sensible à la personne à laquelle on veut faire référence qu'à la façon dont y fait référence, ici le terme singulier « l'auteur des RC » et tout ce qu'il connote. Preuve en est le fait que dans (2), la modalité change lorsqu'on change de désignateur, alors que le référent reste le même. Or que fait-on en inférant des nécessités *de dicto* aux nécessités *de re*? On prétend justement se libérer de l'influence du langage. On cherche à dire quelles sont les propriétés nécessaires d'une chose considérée *en elle-même*, c'est-à-dire indépendamment de la façon dont on y fait référence. La contradiction à laquelle on aboutit alors coupe court à ces velléités d'essence.

Il y a peut-être des moyens de sauver la notion d'essence en bloquant la contradiction, mais écartons tout de suite la réponse très tentante qui consisterait à adopter une attitude ouvertement inégalitaire envers les termes singuliers. Selon cette conception, certains termes reflèteraient mieux l'essence d'une chose que d'autres. La description définie «l'auteur des RC» par exemple, ou bien encore le nom propre «Romain Gary», autoriseraient la transition de *dicto – de re*, alors que cette inférence serait illégitime en partant de «l'auteur de VS» ou «Émile Ajar». Le problème c'est que ce type de discrimination entre les désignateurs paraît arbitraire. Pourquoi la description dans la formule *de dicto* (1) serait plus à même de manifester les propriétés essentielles du romancier que la description dans (2)? Il faudrait se justifier en disant qu'elle désigne Romain Gary *alias* Émile Ajar au moyen de propriétés qui lui sont essentielles, alors que sa rivale le désigne sous une guise qui lui est accidentelle. Mais pourquoi au juste serait-il essentiel à Romain Gary, à ce qui fait qu'il est l'individu qu'il est, d'être l'auteur des RC plutôt que d'être l'auteur de VS? Là encore, le choix paraît arbitraire.

Une dernière solution consisterait à dire qu'on peut bien réaliser l'inférence *de dicto – de re* pourvu que la formule *de dicto* dont on part contienne un *nom propre logique* au sens de Russell, c'est-à-dire une pure étiquette dont la signification est entièrement épuisée par la chose à laquelle elle réfère *directement*, sans connoter aucune propriété particulière. La difficulté c'est que ce genre de référence parfaitement transparente à la chose n'existe pas dans le langage naturel. Lorsqu'un individu se voit assigner un nom lors d'un baptême, il ne se présente jamais à nous comme un *individuum nudum*, un particulier nu dépourvu de propriétés. Même un nom propre comme « Roman Gary » réfère à un certain individu comme étant tel et tel, ici comme étant l'auteur des RC ou le lauréat du prix Goncourt. Bref, en matière de désignateurs, il ne semble pas y avoir de voie royale qui nous permettrait d'aller sonder l'essence des individus, et si tel est le cas, alors l'objection de Quine constitue un sérieux défi à toute forme d'essentialisme.

L'absence d'un principe modal d'individuation

Venons-en maintenant à la seconde objection[1]. En recourant à l'usage *de re* de la modalité, l'essentialisme présuppose qu'on est en mesure de réidentifier les individus au travers des mondes. Lorsqu'on dit par exemple que Nicolas Sarkozy (NS) est nécessairement un homme mais qu'il est contingent qu'il soit Président, on doit se justifier en disant qu'il est facile d'imaginer une situation possible dans laquelle un homme n'est pas Président et où cet homme *c'est* NS. Qu'est-ce qui garantit que c'est bien lui ? Rien selon Quine, car dès qu'on s'aventure dans les spéculations modales, il n'y a plus aucun *principe d'individuation* pour nous guider. On entendra ici le terme au sens épistémique de « critère d'identification ». Il manque donc un critère qui nous permette de savoir pour n'importe quel individu possible, s'il est le même ou non qu'un individu actuel.

---

1. W.V. Quine, « Worlds Away », dans *Theories and Things*, Cambridge (Mass.), Harvard UP, 1981, p. 124-128.

C'est l'erreur suivante qui nous rend si confiants : comme on dispose d'un concept d'identité parfaitement robuste lorsqu'on l'applique au travers du temps, on croit qu'on peut en toute innocence étendre son usage au travers des mondes possibles. Malheureusement, l'analogie tourne court. Lorsqu'il est question de l'identité temporelle d'un individu x qui tombe sous un certain terme de sorte « F », nous disposons d'un critère sûr qui permet de savoir si x existant à t est le même F qu'un individu y existant à t_{+n} : la relation de continuité spatiotemporelle qu'entretiennent x et y, et plus précisément « la continuité de déplacement, de distorsion et des change-ments chimiques » [1]. Mais quelle est la relation R qui nous servira de critère d'identité modale ?

> y dans le monde possible m'est le même F que x dans le monde actuel m* si et seulement si y est dans la relation R à x.

R ne peut pas être la continuité spatiotemporelle puisque les mondes possibles sont causalement et spatiotemporel-lement isolés les uns des autres. Ne reste plus que la relation de ressemblance, c'est-à-dire le partage d'une ou plusieurs propriétés. Pour en faire un critère d'identité modale, il faudrait, pour chaque individu actuel x, avoir accès à son essence individuelle, c'est-à-dire une propriété qui soit une condition nécessaire *et suffisante* pour être identique à x. Cette propriété P, à la fois essentielle et individuante, doit être telle que, pour tout individu possible y :

> i) Si y ne possède pas P, alors y ≠ x (condition nécessaire),
> ii) si y possède P, alors y = x (condition suffisante).

---

1. Quine, *Theories and Things*, *op. cit.*, p. 127.

Si une telle propriété existe pour des objets abstraits comme les nombres ou les ensembles, elle semble manquer chez les individus concrets. Quelle pourrait bien être en effet la propriété essentielle individuante de NS? Aucune des propriétés qui le font reconnaître dans le monde actuel – son allure, son timbre de voix, ses traits de caractère etc. – ne lui est essentielle; on perd donc un critère de distinction modale. Surtout, aucune de ces propriétés n'est individuante puisque n'importe qui aurait pu posséder ces propriétés sans être NS; on perd un critère d'identité modale. Dans ces conditions, rien ne nous permet de savoir si l'individu possible qui n'est pas Président dans le monde qu'on imagine est bien NS plutôt que quelqu'un d'autre. Mais si toute question de ce genre devient indécidable, l'expression d'« identité modale » a-t-elle encore un sens? Utilisée hors du contexte pour lequel elle a été forgée – le domaine temporel – la relation d'identité semble s'être vidée de son sens. Et si tel est le cas, mieux vaut s'interdire tout discours qui conduirait à cet abus : l'essentialisme et l'usage des modalités *de re*.

RIGIDITÉ ET ESSENCE

La cause de l'essence semble désespérée, mais une découverte en philosophie du langage, au début des années 70, a changé la donne. Dans un célèbre cycle de conférences données à Princeton[1], Saul Kripke dégage une propriété sémantique remarquable des termes singuliers, qu'il appelle

1. S. Kripke, *La Logique des noms propres*, Paris, Éditions de Minuit, 1982.

« la rigidité », et qui permet de classer les désignateurs des langues naturelles en deux grandes catégories. Certains d'entre eux, typiquement les descriptions définies ordinaires que Quine utilise dans sa première objection, sont *non rigides*. Par là on veut dire que lorsqu'ils sont utilisés non plus pour décrire ce qui arrive – le monde actuel – mais ce qui aurait pu arriver – une circonstance contrefactuelle ou un monde possible – ces termes sont susceptibles de changer de dénotation. Ainsi, dans un journal décrivant l'actualité on peut lire :

3) Le Président de la République est de visite à Rennes.

Supposons maintenant qu'en spéculant sur ce qui aurait pu arriver lors des dernières élections, on dise :

4) Le Président de la République aurait pu être une femme.

Dans (4), la description définie « le Président de la République » ne désigne plus NS, qu'il désignait dans (3), mais la personne qui satisfait la condition descriptive dans le monde possible qu'on imagine, *i.e.* Ségolène Royal. En revanche, substituons le nom propre « Nicolas Sarkozy » à la description dans (4), on obtient :

5) Nicolas Sarkozy aurait pu être une femme.

Ce nom continue à désigner la *même* personne, *i.e.* NS, que celle qu'il désigne en décrivant le monde actuel, d'où le caractère un peu incongru de (5). Plus généralement, tous les noms propres, mais aussi les démonstratifs et certains pronoms, sont des désignateurs rigides : ils désignent le même individu dans tous les mondes possibles où il existe.

La rigidité d'un nom garantit qu'en l'utilisant, on se contente d'introduire un individu dans une situation possible sans lui attribuer aucune des propriétés qu'on pourrait associer au terme. On ne parle plus de l'individu en tant que tel et tel, mais de cet individu *tout court*, quelles que soient les propriétés qu'on lui connaît actuellement. Du coup, on dispose d'une réponse à la première objection de Quine puisque lorsqu'on attribue une propriété nécessaire ou contingente à un individu rigidement désigné, la rigidité garantit que cette attribution n'est pas biaisée par la façon dont on y fait référence. La contradiction de Quine est bloquée très simplement en faisant remarquer que l'inférence *de re-de dicto* et le discours sur l'essence ne sont légitimes qu'en présence d'un terme rigide. Remarquons bien que cette solution ne présuppose aucune des thèses métaphysiques déjà rejetées dans la section précédente : si les noms ouvrent la voie vers l'essence, la rigidité est une thèse *purement sémantique* qui ne requiert ni qu'on puisse nommer de façon transparente un particulier nu, ni qu'on doive déterminer l'essence d'un individu *avant* de pouvoir en parler dans un raisonnement modal.

Répond-elle aussi à la seconde objection ? À la suite de Kripke, certains l'ont cru. En effet, si la fonction d'un terme rigide est de garder la trace de son référent actuel lors d'une spéculation modale, alors on n'a plus à se demander, par exemple, si l'individu possible qu'on imagine perdre les élections est bien NS. La rigidité du nom garantit à elle seule que si l'identité du référent est déjà fixée lorsqu'on parle du monde actuel, cette individuation est aussitôt héritée par l'homme dont il est question dans la situation possible. La question de la réidentification devient alors un faux problème.

Néanmoins, on sous-estimerait la difficulté en pensant la dissoudre si facilement. Certes, si j'envisage directement un monde possible en disant « si Nicolas Sarkozy avait perdu les élections, alors… », cela n'a pas de sens de me demander si c'est bien encore de lui qu'il est question dans ce monde. Mais les mondes possibles peuvent tout aussi bien être envisagés de façon *qualitative*, c'est-à-dire sans faire usage de noms ou de démonstratifs rigides, en recourant par exemple à un pronom indéfini qui ne préjuge rien de l'identité du *possibilium*, comme dans « imaginons une situation dans laquelle *un* homme perd les élections… ». Dans ce cas, la question de réidentification mérite d'être posée. Enfin et surtout, même si on suivait la règle de ne jamais introduire des mondes possibles qualitativement, le problème de Quine se reposerait, mais d'une autre façon, sur un plan non plus épistémique mais métaphysique. Certes lorsque je me demande « si Nixon avait eu d'autres parents biologiques, alors… », la rigidité du nom garantit que le problème épistémique de la réidentification se résout à coup de *stipulation* : il suffit de stipuler que le monde que j'imagine concerne Nixon pour que ce monde soit bien à propos de lui et non de quelqu'un d'autre. Mais qu'est-ce qui me dit que ce monde est métaphysiquement possible plutôt qu'impossible ? La rigidité ne permet pas de répondre, simplement parce que la possibilité, pas plus que l'existence, n'est affaire de stipulation. En fait, comme le montre le paradoxe qui suit, on n'a pas dissous le problème de l'identité et de l'essence, on l'a seulement circonscrit.

LE PARADOXE DE CHISHOLM

Voici le paradoxe que Roderick Chisholm soulève dans un article bref mais influent[1]. Soient deux individus actuels,

1. R. Chisholm, « Identity through Possible Worlds : Some Questions », *Noùs*, 1, 1967, p. 1-8.

Socrate et Platon. Chacun possède un très grand nombre de propriétés, qu'on limitera par commodité à quatre propriétés indexées respectivement $P_1P_2P_3P_4$ pour Socrate et $P_1P_5P_6P_7$ pour Platon. Socrate et Platon ont certaines propriétés en commun, ici P_1 qu'on supposera être essentielle aux deux (par exemple la propriété d'être un homme, celle d'être une personne ou celle d'avoir une psychologie etc.). Ils diffèrent aussi par un grand nombre de propriétés touchant à la morphologie, au caractère, à leur histoire, etc. Toutes ces propriétés sont accidentelles car l'identité individuelle ne tient pas à une petite différence dans la couleur des cheveux ou dans un trait de caractère.

Toutes ces suppositions paraissent bien inoffensives. Elles conduisent pourtant à une contradiction au terme du raisonnement suivant : dans le monde actuel w* Platon possède P_5 (disons un nez aquilin), mais il aurait pu ne pas l'avoir et posséder à la place la propriété accidentelle P_2 que Socrate possède actuellement (un nez épaté). Même possibilité symétrique du côté de Socrate. Il y aurait donc pu avoir un monde, appelons-le m_1, dans lequel Platon et Socrate ont échangé l'une des propriétés accidentelles qu'ils possèdent actuellement. Répétons maintenant la même opération à partir de m_1, nous obtenons le monde possible m_2 dans lequel Platon échange la propriété P_6 qu'il a dans m_1 pour la propriété P_3 que Socrate possède dans m_1 (et vice-versa), et ainsi de suite jusqu'à parvenir au monde m_3 dans lequel les deux hommes ont échangé la totalité des propriétés accidentelles qu'ils possèdent actuellement :

$m^* : s\,(P_1P_2P_3P_4)\,;\,p\,(P_1P_5P_6P_7)$.
$m_1 : s\,(P_1P_5P_3P_4)\,;\,p\,(P_1P_2P_6P_7)$.
$m_2 : s\,(P_1P_5P_6P_4)\,;\,p\,(P_1P_2P_3P_7)$.
$m_3 : s\,(P_1P_5P_6P_7)\,;\,p\,(P_1P_2P_3P_4)$.

Le problème naît de ce que la description du monde possible m_3 met en conflit deux principes qui régissent notre concept d'identité. Tout d'abord, le principe de l'identité des indiscernables (PIN) stipule que des individus indiscernables, c'est-à-dire partageant toutes leurs propriétés, doivent être les mêmes numériquement. Ce principe émet une contrainte plausible sur la distinction numérique : pas de distinction numérique sans différence sur les propriétés exemplifiées. Appelons « Platon$_3$ » l'individu qui dans m_3 possède toutes les propriétés que Socrate possède actuellement, sans préjuger de son identité avec Platon ou Socrate. Platon$_3$ est un double parfait de Socrate. Ils partagent les mêmes propriétés physiques, la même psychologie et la même histoire (y compris le même nom et la même origine biologique). En vertu de (PIN), Platon$_3$ est le même individu que Socrate. La conclusion symétrique vaut pour Socrate$_3$. En appliquant (PIN) aux mondes, on est conduit à dire que le monde possible m_3 n'est en fait rien d'autre que le monde actuel. En raisonnant de possibilités en possibilités, nous sommes pour ainsi dire retombés dans notre actualité.

Pourtant, un autre principe conduit au diagnostic opposé : la transitivité de l'identité. Nous avons vu qu'une petite différence dans les propriétés exemplifiées n'affectait pas l'identité individuelle. Il existe donc une chaîne d'identités partant de Platon et aboutissant à Platon$_3$ (même chose pour Socrate) : Platon = Platon$_1$, Platon$_1$ = Platon$_2$, Platon$_2$ = Platon$_3$. L'identité étant transitive, on doit conclure que Platon$_3$ est identique à Platon, et non à Socrate. La contradiction avec le diagnostic précédent ne s'arrête pas là : on doit aussi juger que le monde m_3 et notre monde actuel comptent pour *deux* possibilités distinctes, la différence entre les mondes ne venant pas de la nature des propriétés qui y sont exemplifiées mais de l'identité de leurs porteurs.

Nous faisons face à un authentique paradoxe de l'identité modale. Nous présumerons pour le moment que la validité du raisonnement n'est pas en cause. La contradiction doit donc provenir de l'une des prémisses explicitement ou tacitement acceptées. Le rejet de chacune d'entre elles engage à une certaine conception de l'essence individuelle.

NOTION COMPLÈTE ET ESSENCE QUALITATIVE

Une première solution, radicale, consisterait à rejeter le principe de tolérance dont on est parti, à savoir l'idée qu'une petite différence dans les propriétés exemplifiées n'affecte pas l'identité individuelle. C'est la voie choisie par Leibniz dans le *Discours de métaphysique* et la *Correspondance avec Arnauld*. Selon cette conception, le principe d'individuation de tout individu, qu'il soit actuel ou possible, réside dans sa « notion complète »[1]. Par là Leibniz entend désigner la conjonction logique de *toutes* ses propriétés, même insignifiantes, qu'il possède à un moment ou un autre de son histoire, sous condition de n'y inclure que des propriétés qualitatives, c'est-à-dire des propriétés ne contenant aucune référence singulière à d'autres individus. Appelons « Platonité », cette propriété complexe conjonctive que seul Platon possède actuellement (Leibniz souscrit en effet au principe des indiscernables[2]).

---

1. G.W. Leibniz, *Discours de métaphysique et correspondance avec Arnauld*, Paris, Vrin, 1988, p. 43.
2. *Ibid.*, p. 44.

La théorie de la notion complète consiste à dire que c'est parce que seul Platon « platonise » – ou qu'il est à lui-même sa propre espèce[1] – qu'il est l'individu qu'il est et qu'il se distingue numériquement de tous les autres. Chacun se voit donc attribuer une essence individuelle qualitative, de sorte que pour toute paire d'individus, il existe forcément une qualité essentielle à l'un et manquant essentiellement à l'autre. Dans ces conditions, l'échange total des propriétés imaginé par Chisholm est impossible car on bloque dès le départ le paradoxe en rejetant sa première prémisse : Platon n'aurait pas pu avoir le nez de Socrate (et vice-versa) sans quoi cela n'aurait pas été Platon mais quelqu'un d'*autre* car avoir ce nez-là figure dans la Platonité de Platon.

Cette solution présente malheureusement un coût élevé. L'idée de notion complète conduit en effet au *superessentialisme*, c'est-à-dire à la thèse selon laquelle *toutes* les propriétés d'un individu lui sont essentielles. Exception faite de l'existence, il n'y a pas de propriétés contingentes. En particulier, comme le fait remarquer Arnauld à Leibniz[2], personne ne peut dire qu'il aurait pu faire autrement. Cette conséquence très contre-intuitive rend l'idée de notion complète peu attrayante.

L'HAECCÉITÉ

La solution leibnizienne étant écartée, une autre voie s'offre à nous. Elle consiste à dire que le problème de Chisholm est moins un paradoxe qu'un *argument* qui doit nous convaincre d'abandonner le principe des indiscernables.

---

1. G.W. Leibniz, *Discours de métaphysique*, *op. cit.*, p. 44.
2. *Ibid.*, p. 96-97.

Cette solution nous engage à rejeter le principe de survenance des faits singuliers sur les faits qualitatifs[1]. Selon ce principe, si deux mondes sont indiscernables qualitativement, alors ils doivent être indiscernables aussi quant aux faits concernant des individus. Soient ainsi deux mondes possibles m_1 et m_2. Par commodité, on considérera que m_1 ne comporte que deux objets, a et b, dont le premier est jaune et cubique, et le second bleu et sphérique. Dans m_2, a gagne toutes les propriétés que b possède dans m_1, et vice-versa :

$m_1 : Ja \land Ca \land Bb \land Sb \land Rab.$
$m_2 : Jb \land Cb \land Ba \land Sa \land Rba.$

Lorsqu'on les décrit dans un langage comportant des termes singuliers, les deux mondes sont, on le voit, dissemblables. Écartons à présent toute référence aux individus. On obtient une description qualitative de m_1 et m_2 sous laquelle ces deux mondes sont parfaitement indiscernables :

$(\exists x)(\exists y)(Jx \land Cx \land By \land Sy \land Rxy).$

C'est ce genre d'hypothèse qu'exclut *a priori* le principe de survenance. D'après lui, quand on fixe exhaustivement quel *type* d'objets figure dans un monde et quels *types* de relations ils y entretiennent, on fixe du même coup l'identité des individus. Dans la solution qu'on envisage ici, on considère au contraire que les faits singuliers sont des faits *supplémentaires*, que les faits qualitatifs ne déterminent pas.

De prime abord, cette position parait peu défendable. Elle s'expose en effet à l'objection suivante : lorsqu'il est question de l'identité au travers du temps, on admet que l'identité

---

1. D. Lewis, *De la pluralité des mondes*, Paris, L'Éclat, 2007, p. 337-338.

individuelle n'est pas un fait *brut* ou *primitif*. Par exemple, si on affirme que a à t_{+n} est la même personne que b à t, alors cette relation d'identité doit reposer sur autre chose que des faits d'identité : on dira (si on est lockien) que a est la même personne que b en vertu d'une relation mémorielle, ou on invoquera une relation de continuité psychologique, etc. Si l'exigence d'une fondation est une contrainte qui émane de la relation d'identité, pourquoi l'identité modale y ferait-elle exception ? Il faut bien un fait en vertu duquel $Platon_3$ peut être dit le même que Platon, et ce fait ne peut consister en rien d'autre que dans le partage d'une ou plusieurs propriétés. Or c'est pourtant ce qu'on nie en rejetant le principe de survenance.

Face à une telle objection, certains[1] ont fait valoir que le rejet du principe de survenance n'amenait pas à défendre des faits d'identité bruts dans la mesure où il existe bien un type très spécial de propriétés sur lesquelles ils surviennent : les haeccéités. L'haeccéité d'un individu est son essence individuelle. Néanmoins, à la différence des notions complètes leibniziennes, les haeccéités sont des essences individuelles non qualitatives, primitives, inanalysables et non relationnelles. La seule façon de caractériser l'haeccéité de Platon c'est de la décrire comme étant la propriété *d'être identique à cet homme-là*, Platon, une propriété qu'on se gardera de confondre avec la propriété d'être identique à *soi*, que Platon partage avec n'importe quel autre individu. Il est constitutif d'une haeccéité qu'elle comporte une référence singulière

---

1. R.M. Adams, « Primitive Thisness and Primitive Identity », *Journal of Philosophy*, 76, 1979, p. 5-26. Adams emprunte le terme d'« haeccéité » à Duns Scot, en le modifiant.

à l'individu auquel elle est attachée – d'où son caractère non qualitatif. Il est tout à fait impossible de la définir ou de l'analyser en combinant des propriétés qualitatives entre elles, comme c'était le cas des notions complètes. Enfin, elle ne comporte aucune relation à d'autres individus. Dans le paradoxe de Chisholm, l'explication aboutit donc à cela : Platon₃ est identique à Platon car ils partagent la même haeccéité, en dépit de leur dissemblance qualitative. De même, c'est la différence « haeccéitiste » entre Platon₃ et Socrate qui fait qu'ils comptent pour deux individus, en dépit de leur indiscernabilité qualitative.

On laissera au lecteur le soin de décider si en tirant l'haeccéité du chapeau de Duns Scot, on a résolu le problème qui nous occupe – fonder la distinction numérique des indiscernables – ou si on n'a fait que le re-décrire. On retiendra plutôt ces deux objections qui, à défaut de réfuter l'haeccéitisme, le rendent peu recommandable.

La première est qu'on a le sentiment que l'haeccéitisme inverse l'ordre de l'explication. On lui concède l'existence de propriétés comme celle d'être identique à Platon, mais intuitivement c'est parce que Platon est distinct de Socrate que la propriété d'être identique à Platon est distincte de celle d'être identique à Socrate, et non l'inverse. Si l'identité ou la distinction des haeccéités est héritée de celle des individus auxquels elles sont attachées, alors les haeccéités ne peuvent plus prétendre fonder l'identité ou la distinction individuelle.

La deuxième objection pointe l'incapacité de l'haeccéitisme à rendre compte des *purs possibilia*, c'est-à-dire des individus non actuels mais qui auraient pu exister. Il arrive qu'on désigne un *possibilium* au moyen d'une description définie qui parvient à identifier l'individu dont on parle, ou bien par recombinaison d'objets actuels comme dans « la table qui aurait pu être assemblée avec ces planches», ou bien en exploitant son origine biologique comme dans «l'homme qui aurait été issu de la fécondation de cet ovule par ce spermatozoïde». C'est quelque chose dont l'haeccéitiste est incapable. Selon lui, une propriété comme celle d'être l'homme issu de tel ovule fécondé ne peut pas constituer une condition suffisamment individuante dans la mesure où ce rôle incombe à l'haeccéité. En fait, tant qu'on n'a pas mentionné l'haeccéité propre à un *possibilium*, il doit y avoir un très grand nombre (une infinité ?) d'individus possibles qui répondent à cette description biologique. Mais avec quoi pourrons-nous combler la place vide dans la formule haeccéitiste « la propriété d'être identique à… » ? Nous ne pouvons pas montrer ce *possibilium*, ni en donner une description individuante, ni *a fortiori* le nommer. Si l'haeccéité des *possibilia* est totalement inconnaissable et ineffable, c'est une bonne raison de penser que ce genre de propriété n'existe pas. Il ne peut donc pas y avoir de *possibilia* puisqu'il leur manque des conditions d'identité et de distinction. L'haeccéitiste peut tout au plus affirmer que les hommes actuels auraient pu ne pas exister, mais il doit s'interdire d'affirmer qu'il y aurait pu y avoir plus d'hommes qu'il n'en existe actuellement, ce dont pourtant nous avons la ferme intuition.

NÉCESSITÉ DE L'ORIGINE
ET ESSENCE RELATIONNELLE

Nous avons passé en revue deux hypothèses relatives aux essences individuelles mais aucune d'entre elles ne répond de façon satisfaisante au paradoxe de Chisholm. Reste à envisager l'hypothèse d'essences individuelles ayant trait à *l'origine* des individus.

Dans la troisième conférence de *La Logique des noms propres*, Kripke a défendu la thèse célèbre de la nécessité de l'origine (NO)[1]. NO se décline en deux versions, selon qu'il s'agit d'artefacts ou d'organismes biologiques. La première, la nécessité de la constitution matérielle, stipule que si un artefact, une statue par exemple, est actuellement constitué à partir d'un certain morceau de matière, disons un certain morceau de bois, alors il n'aurait pas pu avoir une autre constitution. Dans cet exemple, il faut comprendre non seulement que cette statue est essentiellement tirée d'un morceau de bois (plutôt que de métal ou de plastique), mais qu'elle provient essentiellement de ce morceau de bois dont elle est actuellement constituée (plutôt que d'un autre, même très semblable). Si on avait taillé une statue à partir d'un autre morceau, cela n'aurait pas été cette statue mais une autre, très semblable. La seconde version de NO, la nécessité de l'origine biologique, est propre aux organismes. Elle stipule qu'un organisme n'aurait pas pu se développer à partir d'une autre entité que celle dont il provient actuellement. Dans le cas d'un homme, cela signifie qu'il n'aurait pas pu exister sans se développer à partir de ce zygote dont il est actuellement issu. Un zygote génétiquement semblable mais numériquement distinct aurait donné lieu à un autre homme. De même ce zygote n'aurait pas pu provenir d'une autre fécondation que celle de cet ovule par ce spermatozoïde, une cellule fille n'aurait pas pu provenir d'une autre cellule mère que celle dont elle est actuellement issue par mitose, etc.

1. S. Kripke, *La Logique des noms propres*, *op. cit.*, p. 100-103.

Nous laisserons de côté la « preuve » imparfaite que
Kripke donne de NO et que nous commentons ailleurs[1]. Nous
privilégierons ici l'argument que Graeme Forbes avance en
faveur de la nécessité de l'origine biologique, d'abord parce
qu'il ne souffre pas des défauts de celui de Kripke, et surtout
parce qu'il renforce NO en en faisant une condition non seulement nécessaire de l'identité des individus mais aussi *suffisante*[2]. Pour faire court, l'argument tient à cette alternative : ou
bien on admet des faits d'identité « bruts », comme dans la
solution haeccéitiste au paradoxe de Chisholm, ou bien on
juge que l'origine biologique d'un organisme est une
condition nécessaire et suffisante de son identité. Or l'identité
doit être fondée sur certains faits. Ces faits doivent donc
reposer sur l'origine biologique. À la suite de Forbes, appelons
« propagule » l'entité de laquelle un organisme est issu;
l'argument conclut en disant que pour tout organisme x et y, et
pour tous mondes possibles m et m' :

> y dans m' est le même organisme que x dans m si et seulement
> si :
> i) y est de la même sorte que x,
> ii) le(s) propagule(s) de y dans m' = le(s) propagule(s) de x
> dans m.

Forbes est ainsi conduit à postuler pour chaque organisme
une essence individuelle dans laquelle figure sa sorte et son
origine. Contrairement à l'essence leibnizienne, cette essence
n'est pas qualitative car elle contient une référence singulière

---

1. F. Drapeau Vieira Contim et P. Ludwig, *Kripke. Référence et modalités*,
Paris, PUF, 2005, p. 126-130.
2. G. Forbes, *The Metaphysics of Modality*, Oxford, Oxford UP, 1985,
chap. 6.

à l'individu qui est à l'origine d'un organisme. En outre elle bloque le paradoxe de Chisholm sans tomber dans le super-essentialisme puisque seules la sorte et l'origine sont essentielles. Le paradoxe est bloqué parce que quelque part entre le monde actuel et le monde m_3 nous avons procédé à un échange illicite de propriétés, celles relatives aux origines biologiques de Platon et de Socrate. Enfin, contrairement à l'haeccéité, cette essence est *relationnelle* puisqu'elle mentionne un autre individu que celui auquel elle est attachée, ce qui revient à poser des connexions nécessaires entre des individus distincts, l'existence d'un homme présupposant celle de ses parents biologiques (mais pas l'inverse) – personne n'aurait pu avoir d'autres parents que ceux qu'il a actuellement.

Toute la question est de savoir si l'origine, qui n'est au départ qu'une simple condition nécessaire de l'existence et de l'identité individuelle, peut constituer un principe d'individuation. C'est douteux. Le problème ne vient pas seulement des artefacts pour lesquels l'essence par l'origine ne peut rien face au paradoxe de Chisholm[1]. Le problème se pose surtout pour les organismes. Tout d'abord, l'examen de la condition (ii) ci-dessus montre qu'on n'a pas donné un principe d'individuation pour tous les organismes. On s'est contenté en fait d'individuer certains organismes en en mentionnant d'autres : l'essence individuelle d'un homme inclut un certain zygote, mais l'essence de ce zygote doit elle-même mentionner un certain spermatozoïde, dont l'essence inclut un certain spermatocyte, et ainsi de suite. Sous peine d'une régression vicieuse, il faudra bien que cette chaîne d'individuation par l'origine

---

1. P. Engel et F. Nef, « Identité, vague et essence », *Les Études philosophiques*, 4, 1988, p. 11-30.

aboutisse à des entités qui soient elles-mêmes individuées par autre chose que leur origine. Ensuite, la théorie des essences relationnelles est manifestement inadéquate lorsqu'on la confronte aux cas de divisions mitotiques, et notamment de jumeaux monozygotes. Considérons le zygote dont est actuellement issu Platon. Il est certain que ce zygote aurait pu donner lieu à deux cellules filles et que des jumeaux se développassent à partir de là. Partant Forbes se voit confronté au dilemme suivant : ou bien il considère que Platon partage la même origine que ces deux jumeaux, à savoir le même zygote. Dans ce cas, l'origine n'est plus qu'une condition nécessaire mais non *suffisante* de l'individualité, sans quoi on devrait affirmer que Platon aurait pu être deux hommes distincts, ce qui est absurde. Ou bien, Forbes considère que Platon et chacun de ces jumeaux ont des origines différentes : Platon a pour propagule un certain zygote et chaque jumeau a pour propagule une de ses cellules filles. Les origines étant différentes, Forbes doit conclure que Platon n'est identique à aucun des jumeaux, autrement dit qu'il n'aurait jamais pu avoir de jumeau, ce qui est contre-intuitif. On peut tirer le même genre de conclusion peu attrayante en partant de vrais jumeaux actuels. Forbes est alors contraint de dire à propos de chacun d'entre eux qu'il n'aurait pas pu ne pas avoir un jumeau ou que la gémellité lui est essentielle.

L'ESSENCE SANS L'IDENTITÉ

Aucune des hypothèses relatives aux essences individuelles ne semble pouvoir être retenue. Ce résultat négatif jette un doute sur l'essentialisme lui-même car comment pourrons-nous faire usage de la modalité *de re* et attribuer des essences, mêmes générales, sans tomber aussitôt dans les paradoxes modaux ? Fort heureusement, il y a une façon d'y répondre, qui ne recourt pas aux essences individuelles et qui reste néanmoins compatible avec un certain engagement essentialiste. Cette solution, suggérée par Chisholm puis développée par David Lewis, consiste à désimbriquer les modalités *de re* et l'identité.

Jusqu'à présent, il nous semblait évident qu'en disant « Socrate aurait pu ne pas avoir de frère », nous nous engagions à reconnaître une situation possible dans laquelle un individu *identique* à Socrate n'a pas de frère. C'est là l'origine de toutes nos difficultés. Dans la théorie dite des « contreparties » de David Lewis, les individus sont attachés à un monde (*worldbound*) – ils n'existent que dans un seul monde [1] – et la modalité *de re* ne repose pas sur l'identité mais sur la *similarité comparative* [2]. L'énoncé est vrai parce qu'il y a un monde possible dans lequel un individu distinct de Socrate, celui qui lui ressemble le plus dans ce monde, n'a pas de frère. Autrement dit, ce qui arrive à nos semblables dans une situation possible – nos « contreparties » dirait Lewis – représente pour nous une possibilité.

En substituant la relation de contrepartie à celle d'identité, on tarit la source du paradoxe de Chisholm, à savoir la transitivité de la relation d'identité. Comme toutes les relations de ressemblance, la relation de contrepartie n'est pas transitive. Ce qui ressemble le plus dans m_2 (Platon$_2$) à ce qui ressemble le plus à Platon dans m_1 (*i.e.* Platon$_1$) n'est pas forcément ce qui ressemble le plus à Platon dans m_2 (*i.e.* Socrate$_2$ et non Platon$_2$). Par conséquent, même si tout ce qui arrive à Platon$_2$ dans m_2

---

1. D. Lewis, *De la pluralité des mondes, op. cit.*, chap. 4, § 3.
2. *Ibid.*, chap. 1, § 1.

constitue une possibilité pour Platon$_1$ et si tout ce qui arrive à Platon$_1$ dans m$_1$ constitue une possibilité pour Platon, ce qui se produit pour Platon$_2$ ne représente pas une possibilité pour Platon. Platon et Socrate n'auraient donc pas pu échanger toutes leurs propriétés. Cette modification en profondeur des conditions de vérité des énoncés modaux *de re* se répercute bien sûr dans notre conception de l'essence, qu'on doit amender au moins sur trois points.

Tout d'abord, l'essence d'un individu est *vague*, un vague hérité de la relation de ressemblance. Les possibilités ouvertes à un individu sont affaires de similarité. Puisque tout objet est semblable à un autre sous un certain aspect et que la notion d'essence n'est pas permissive – Platon n'aurait pas pu être une table – il faudrait fixer un seuil dans le degré de ressemblance, en deçà duquel ce qui arrive dans un monde possible ne compte plus comme une possibilité pour un individu actuel. Pourtant, la détermination d'un tel seuil n'est pas souhaitable car elle semble arbitraire. Cela ne signifie pas que la notion d'essence soit vide, puisque dans la plupart des cas nous pourrons répondre par oui ou par non à la question « cet individu est-il suffisamment semblable pour compter comme une possibilité *de re* à propos de Platon ? ». Mais dans certains cas litigieux on doit tolérer que la question reste indéterminée, et avec elle, les contours de l'essence d'un individu.

Ensuite, l'essence d'un individu est *contingente*. Autrement dit, ce qui lui est actuellement nécessaire ne lui est pas nécessairement nécessaire, car cela aurait pu ne pas lui être essentiel. Lorsque Platon a une contrepartie qui dans un monde possible est F, cela représente pour lui le fait d'avoir la possibilité d'être F. Lorsque Platon a une contrepartie qui a une contrepartie qui est G, cela représente le fait qu'il *aurait pu* avoir la possibilité d'être G. Or on a vu que la relation de contrepartie n'est pas transitive : il y a des contreparties des contreparties de Platon qui ne sont pas ses contreparties, par exemple Platon$_2$. Cela signifie que certaines possibilités actuellement fermées pour Platon, par exemple sauver la vie d'Alcibiade à la bataille de Potidée, auraient pu lui être ouvertes s'il en était allé autrement pour lui, par exemple s'il était né 20 ans plus tôt.

Enfin, l'attribution d'une essence est *relative* au contexte d'énonciation[1]. Cette relativité est, encore une fois, héritée de la relation de ressemblance. Lorsqu'on pointe une statue de cire et qu'on se demande si sa forme lui est essentielle, on cherche à savoir si toutes ses contreparties possibles qui lui sont similaires possèdent cette propriété. Mais semblables *sous quel aspect* ? Il n'y a pas de réponse absolue qui viendrait de la chose même, c'est le contexte de la conversation qui détermine l'aspect pertinent sous lequel se feront les juge-ments de similarité ; et selon qu'on considère la chose *qua* statue ou *qua* morceau de cire, il lui sera essentiel ou non d'avoir la forme qu'elle a actuellement.

CONCLUSION

Au terme de cette enquête, il ressort que la notion d'essence est moins solidaire qu'il n'y paraît de celle d'iden-tité individuelle. Tout d'abord, parce que l'individualité lui échappe – il n'y a probablement pas d'essences individuelles. Ensuite, parce qu'elle ne dépend pas des conditions d'identité de l'individu auquel elle est attribuée, du moins lorsqu'il est

---

1. D. Lewis, *De la pluralité des mondes, op. cit.*, chap. 4, § 5.

question de possibilités où tout est affaire de similarité. Nous avons tenté de la défendre contre les objections, mais les révisions qu'on lui a fait subir laissent planer un doute sur l'issue du projet : a-t-on sauvé l'idée d'essence ou a-t-on jeté le bébé avec l'eau du bain ? On peut en effet se demander ce qui reste de l'idée d'essence lorsqu'on lui retire ses attributs traditionnels, en particulier son caractère absolu et déterminé. L'essence est vague, avons-nous dit, mais l'idée d'un vague dans les choses mêmes a-t-elle vraiment un sens ? Ce vague ne montre-t-il pas plutôt combien le discours sur l'essence est contaminé par nos pratiques linguistiques et en particulier par le vague des opérateurs modaux ? De même, en affirmant que l'attribution d'une propriété essentielle à un individu est relative au contexte d'énonciation, on renoue d'une certaine façon avec l'esprit de l'une des critiques que Quine adressait à l'essentialisme : tenter vainement de se défaire de l'influence du langage pour dire quelles sont les propriétés essentielles d'une chose considérée en elle-même. Ces difficultés ne sont peut-être pas rédhibitoires pour l'essentialisme mais elles invitent du moins à rompre avec un certain essentialisme naïf, pré-quinien, qui prétendrait sonder directement la nature des choses mêmes.

Filipe DRAPEAU VIEIRA CONTIM

QU'EST-CE QU'UN INDIVIDU BIOLOGIQUE ?

En philosophie générale, l'individu biologique sert habituellement d'exemple paradigmatique d'individu, le terme « individu biologique » étant alors considéré comme un synonyme du terme « organisme ». C'est le cas chez Aristote, par exemple, qui, lorsqu'il explicite la notion de substance première (*i.e.* « ce qui à la fois ne se dit pas d'un certain sujet et n'est pas dans un certain sujet »[1], et qui désigne quelque chose qui est « individuel et numériquement un »[2]), l'illustre par le cas du cheval individuel ou de l'homme individuel. Ce sont ces mêmes exemples que reprend, à dessein, David Wiggins[3]. Plus généralement, « De Socrate et Platon à Kripke et Putnam, les organismes ont été des exemples paradigmatiques de substances premières, particuliers et/ou individus »[4].

En outre, ce qui, dans la plupart des cas, intéresse les philosophes est l'individualité et l'identité *humaines*. La stra-

---

1. Aristote, *Catégories*, 2a11, *op. cit.*
2. *Ibid.*, 3b10.
3. D. Wiggins, *Sameness and Substance*, *op. cit.*
4. D. Hull, « A Matter of Individuality », *Philosophy of Science* 45 (3), 1978, p. 335-360, p. 338.

tégie la plus courante est alors de commencer par présupposer une individualité et une identité biologiques (l'homme étant, d'abord, un organisme humain), puis de considérer que les véritables problèmes philosophiques se posent en aval : l'identité et l'individualité de l'homme se réduisent-elles à la dimension corporelle[1], tiennent-elles au fait qu'il possède une âme, à sa mémoire[2] ?

Je montre ici que notre manière habituelle de dire ce qui compte comme un individu dans le monde du vivant est dénuée de fondement solide. Cette individuation intuitive du vivant, qui est celle du sens commun mais qui est également reprise par la plupart des philosophes, étant au fondement des deux affirmations ci-dessus (*i.e.* l'individu biologique est un exemple paradigmatique d'individu et l'être humain est clairement individué d'un point de vue biologique), j'essaierai dans un deuxième temps de tirer les conséquences de la remise en question de ces deux affirmations.

Il faut, pour commencer, préciser ce que l'on entendra ici par « individu ». Un individu est un certain particulier, caractérisé par sa perséité (sa séparation), son unité (ce particulier peut être compté, il possède des frontières, et il se caractérise par une identité transtemporelle), et éventuellement son unicité[3]. Pour être un individu, une entité doit satisfaire les critères de perséité et d'unité au moins à un certain degré, et plus elle les satisfait, plus elle est individuée.

---

1. S. Shoemaker et R. Swinburne, *Personal Identity*, Oxford, Blackwell, 1984.

2. Voir la contribution d'É. Baget, p. 151-175.

3. Voir la contribution de S. Chauvier, p. 11-35. L'unicité n'est pas une condition nécessaire de l'individualité, mais elle peut apporter un degré supplémentaire d'individualité.

Après avoir expliqué ce qui nous pousse habituellement à considérer l'individu biologique comme un individu paradigmatique, je montrerai pourquoi cette position doit être rejetée. Je mettrai en évidence ce qui compte comme un individu pour la biologie contemporaine, puis en tirerai les conséquences pour la définition du concept d'individu en général.

LES RAISONS DE L'ADOPTION DE L'INDIVIDU BIOLOGIQUE COMME PARADIGME DE L'INDIVIDU

La réponse à la question de savoir ce qui compte comme un individu dans le monde du vivant nous semble facile et immédiate : les individus biologiques sont les *organismes*, qui, de plus, constituent l'exemple paradigmatique d'individualité. Prenons, pour suivre Aristote, l'exemple d'un cheval. Il est clair qu'il remplit très bien tous les critères d'individualité que nous avons proposés. Le cheval est un être indépendant, qui peut être compté, qui possède des frontières claires (sa peau), qui reste le «même» tout en changeant à travers le temps (identité transtemporelle), et de surcroît chaque cheval est unique. Il en va de même pour l'être humain. Il en va de même, semble-t-il, pour des organismes aussi divers qu'une plante (pensons, par exemple, à un pissenlit) ou une méduse. Dès lors, tout organisme apparaît comme un individu, et plus encore comme le meilleur exemple pour illustrer ce que nous avons à l'esprit lorsque nous cherchons à définir ce qu'est un individu.

Si, en outre, on considère l'unicité comme contribuant à l'individualité, alors le statut d'individu de l'organisme est encore renforcé, depuis que la biologie du xxᵉ siècle a démontré, à partir d'arguments génétiques, immunologiques et neurologiques, que chaque organisme est unique. En effet, chaque organisme à reproduction sexuée est génétiquement unique, à l'exception des vrais jumeaux (homozygotes)[1]. En outre, chaque organisme est unique du point de vue de son système immunitaire et de son système nerveux, même deux vrais jumeaux étant différents de ces deux points de vue[2]. On peut donc conclure, semble-t-il, que l'organisme est, en tant qu'entité séparée, numériquement une, bien délimitée, possédant une identité transtemporelle, et unique, un exemple paradigmatique d'individu.

Cependant, cette conclusion, pour intuitive qu'elle soit, n'est pas acceptable. Elle repose sur l'équation implicite suivante : individu biologique = organisme = vertébré (voire mammifère). Dans la section 2, nous critiquons l'équation « organisme = vertébré »; dans la section 3, nous critiquons l'équation « individu biologique = organisme ».

PREMIÈRE OBJECTION
LA MÉPRISE SUR LES ORGANISMES TYPIQUES

La thèse qui précède ne fait pas droit à la diversité réelle des organismes existants. En effet, les organismes que nous prenons habituellement comme exemples paradigmatiques

---

1. A. Jacquard, *Éloge de la différence. La génétique et les hommes*, Paris, Seuil, 1978; F. Gros, « L'individualité génétique », dans E.D. Carosella, T. Pradeu, B. Saint-Sernin, C. Debru (dir.), *L'Identité ? Soi et non-soi, individu et personne*, Paris, PUF, 2006, p. 7-18.

2. L. Loeb, « The Biological Basis of Individuality », *Science* 86 (2218), 1937, p. 1-5; P. Medawar, *The Uniqueness of the Individual*, New York, Dover, 1957; J. Hamburger, *L'Homme et les hommes*, Paris, Flammarion, 1976, rééd. Paris, Livre de Poche, 1982.

d'individus, parce qu'ils nous sont familiers (le cheval, l'humain), et à partir desquels nous généralisons notre conception de l'individualité biologique, ne sont pas des organismes typiques[1]. Il s'agit seulement de mammifères, qui ne constituent qu'une toute petite partie des vertébrés, qui eux-mêmes constituent une petite partie des métazoaires (animaux pluricellulaires), ces derniers ne constituant qu'une infime partie des pluricellulaires, qui, à leur tour, ne sont qu'une petite sous-partie du vivant[2]. Même en laissant de côté la question complexe de l'individuation des bactéries, un examen rapide de quelques exemples d'organismes pluricellulaires qui nous sont moins familiers que les mammifères montre clairement à quel point l'idée généralement admise selon laquelle les organismes sont des individus typiques est erronée. Les organismes non vertébrés (et, plus encore, non mammifères), en effet, ne sont pas aussi clairement individués. Par exemple, un organisme colonial des fonds sous-marins comme l'urochordé *Botryllus schlosseri* est constitué de petits « sacs », dotés de caractéristiques propres (respiration, etc.), mais appartenant tous à une structure commune, caractérisée notamment par un unique système de vascularisation. L'individu biologique est-il ici chaque petit sac, ou bien la colonie dans son ensemble[3] ?

1. J.S. Huxley, *The Individual in the animal kingdom* (1912), Woodbridge, Ox Bow Press, 1995.

2. On estime par exemple que la biomasse des bactéries est supérieure à celle de l'ensemble de toutes les autres espèces vivantes. Cette biomasse est dix fois plus importante que celle de tous les végétaux, eux-mêmes le deuxième ensemble d'êtres vivants, en biomasse, très loin devant les animaux. Voir par exemple S.J. Gould, *L'Éventail du vivant* (1996), Paris, Seuil, 1997.

3. Sur les organismes coloniaux, voir L. Buss, « The Uniqueness of the Individual Revisited », dans J.B.C. Jackson, L.W. Buss, R.E. Cook (dir.),

Chacun des deux est relativement indépendant et possède des frontières et une identité transtemporelle. Ici, nous ne sommes pas en mesure de dire où se situe l'individu, alors même que cela nous semble facile dans le cas d'un mammifère. Un piège s'est d'ailleurs glissé dans la liste d'organismes typiques que, ci-dessus, nous avions cru intuitivement pouvoir établir à partir des exemples de mammifères comme le cheval ou l'homme individuels : certaines méduses, comme la « galère portu-gaise » par exemple [1], bien qu'elles apparaissent comme des individus (chacune ressemblant bien à *une* méduse, dotée d'un corps gélatineux, de tentacules, etc.), sont en fait des sipho-nophores, c'est-à-dire des *colonies* d'organismes (polypes) qui s'unissent temporairement pour former, apparemment, un être, mais qui sont en réalité chacun spécialisé dans une tâche particulière (la motricité, la défense, etc.), et qui ont des cycles de vie indépendants (chacun d'entre eux prenant naissance et réalisant les premières étapes de son développement séparé des autres). Où est, là encore, le « bon » individu biologique ? Est-ce la colonie, ou bien chaque membre de la colonie ? Les constituants de la colonie sont-ils comme des parties (organes) d'un organisme ou bien comme des membres d'un groupe ?

Il serait en outre erroné de croire que les cas dans lesquels il est difficile de dire où se trouve l'individu biologique sont peu nombreux, comme le prouve la quasi-omniprésence du phéno-mène de symbiose dans la nature. On appelle symbiose toute interaction entre êtres vivants d'espèces différentes qui est

---

Population Biology and Evolution of Clonal Organisms, Yale, Yale UP, 1985, p. 467-504.

1. Par exemple *Physalia physalis*. G. Lecointre et H. Le Guyader, *Classification phylogénétique du vivant*, 3ᵉ éd., Paris, Belin, 2001, p. 206-207.

évolutionnairement bénéfique pour l'un des deux, et neutre ou bénéfique pour l'autre[1]. Les cas de symbiose sont extrêmement fréquents, et apparaissent même plutôt comme la règle que comme l'exception dans le monde du vivant[2]. Les symbioses montrent, tout d'abord, la difficulté à établir l'indépendance, comprise à la fois comme séparation et comme autonomie, qui est souvent considérée comme un critère d'individualité. En effet, dans de nombreux cas, l'organisme, bien qu'il semble indépendant au sens de « séparé », n'est pas autonome, car il est dépendant d'un autre organisme pour sa survie, son développement, sa reproduction, etc. C'est le cas, par exemple, de certains arbres qui ne peuvent survivre qu'en abritant des fourmis, qu'ils nourrissent et par lesquelles, en retour, ils sont protégés de leurs agresseurs. En outre, de nombreux cas de symbiose posent le problème des *frontières* de l'être vivant (qui est, nous l'avons vu, un autre critère fondamental de l'individualité), y compris d'ailleurs chez les mammifères. C'est le cas des symbioses « internes » à l'organisme, comme par exemple la symbiose entre un mammifère (dont l'homme) et les bactéries qu'il porte dans son intestin, et qui rendent possible la digestion, ainsi que d'autres fonctions essentielles. L'ensemble de ces bactéries, parfois appelé « flore intestinale », est généralement considéré aujourd'hui comme un organe de l'organisme concerné, redéfinissant

1. Voir par exemple L.V. Hooper et J.I. Gordon, « Commensal host-bacterial relationships in the gut », *Science* 292, 2001, p. 1115-1118. Par « évolutionnairement bénéfique », on entend une interaction qui favorise la survie et/ou la reproduction.

2. J. Sapp, *Evolution by association. A History of Symbiosis*, Oxford, Oxford UP, 1994 ; C. Combes, *Interactions durables*, Paris, Masson, 1995.

par là même « l'intérieur » et « l'extérieur » de l'organisme[1]. Un autre exemple est celui des symbioses de contact, comme celles entre une plante et un champignon mycorhizien : dans les endomycorhizes, les champignons favorisent la nutrition et les défenses de la plante qui, en retour, fournit de l'énergie au champignon sous forme de sucres, grâce à la photosynthèse[2].

Un autre argument qui va dans le même sens est celui en faveur de l'existence des « superorganismes ». Un bon exemple de superorganisme est une fourmilière : cette dernière est une structure unifiée, bien délimitée et très structurée, dans laquelle seule la reine a un pouvoir de reproduction, si bien que, pour de nombreux biologistes, les fourmis ouvrières sont mieux décrites comme des organes de ce « superorganisme » qu'est la fourmilière que comme des organismes individuels à proprement parler[3].

Remarquons, enfin, à quel point nos certitudes quant à l'individuation adéquate du vivant dépendent de circonstances contingentes : par exemple, de nombreux végétaux se reproduisent de manière asexuée à l'aide d'une « tige » reliant deux plantes entre elles ; or, selon que cette tige se situe *au-dessus* du sol, et donc en position visible (on a alors affaire à un *stolon*, comme dans le cas du fraisier), ou *au-dessous*, et donc en position invisible (on a alors affaire à un rhizome, comme dans

1. T. Pradeu, « La mosaïque du soi : les chimères en immunologie », *Bulletin de la Société d'Histoire et d'Epistémologie des Sciences de la vie*, à paraître (2009) ; A. O'Hara, F. Shanahan, « The gut flora as a forgotten organ », *EMBO reports* 7 (7), 2006, p. 688-693.

2. P. Vandenkoornhuyse et D. van Tuinen, « Les communautés de symbiotes endomycorhiziens », *Biofutur* 268, 2006, p. 46-49.

3. D.S. Wilson et E. Sober, « Reviving the Superorganism », *Journal of Theoretical Biology*, 136, 1989, p. 337-356.

le cas du bambou), nous avons tendance à considérer que toute la colonie constitue un seul individu, ou bien au contraire qu'il y a autant d'individus qu'il y a de plants émergeant « indépendamment » du sol. La même question se pose à l'échelle immense des peupliers faux-trembles : une forêt de peupliers faux-trembles est constituée d'arbres génétiquement identiques, et reliés entre eux, sous terre, par un même réseau de racines, à tel point que beaucoup de biologistes suggèrent de considérer chaque forêt entière de peupliers faux-trembles génétiquement identiques comme un seul individu [1], alors que, à nos yeux, il semble évident que chaque arbre devrait compter comme un « individu ».

L'analyse qui précède met en évidence un aspect fondamental des réflexions philosophiques sur l'individualité biologique, à savoir que le monde du vivant nous offre probablement les meilleurs exemples pour tester, et éventuellement pour réviser, notre conception de ce qu'est un individu. C'est un aspect souligné par Hull, lorsqu'il montre l'avantage d'un examen des exemples réels de la biologie par rapport aux fictions et expériences de pensée généralement utilisées, en tout cas dans la littérature anglo-saxonne, pour proposer une réflexion philosophique sur l'individualité : « les exemples réels ont tendance à être beaucoup plus détaillés et bizarres que ceux élaborés par les philosophes. Trop souvent l'exemple est construit dans le seul but de soutenir les intuitions préconçues des philosophes [et] n'est pas en mesure d'obliger le philosophe à améliorer son analyse à la manière de ce que peuvent faire les exemples réels » [2].

1. M.C. Grant, « The Trembling Giant », *Discover*, 1993, 14, p. 82-89.
2. D. Hull, « A Matter of Individuality », art. cit., p. 344.

La première objection à la thèse généralement admise selon laquelle l'organisme est l'individu paradigmatique est donc que, parmi les organismes, ceux que l'on prend habituellement comme exemples paradigmatiques d'individus ne sont pas des organismes paradigmatiques. Contrairement à ce que l'exemple des mammifères peut faire croire, dans un grand nombre de cas nous ne sommes pas capables de dire avec certitude ce qui compte comme un organisme et quelles sont précisément ses frontières.

Deuxième objection : il faut distinguer entre organismes et individus biologiques

La deuxième objection consiste à souligner que le monde du vivant est composé de bien d'autres entités que des seuls organismes. Il est fait de gènes, de cellules, de tissus, d'organes, mais aussi, à une échelle supérieure à celle de l'organisme, de groupes, de populations, d'espèces, d'écosystèmes, etc. Qu'est-ce qui nous permet d'affirmer avec certitude que le « bon » niveau d'individualité parmi ces entités est celui de l'organisme ? Une cellule, par exemple, remplit très bien nos critères d'individualité. Certes, le cheval nous apparaît comme un individu, mais une cellule de cheval est, elle aussi, séparée, peut être comptée, possède des frontières précises (membrane plasmique), une identité transtemporelle, et même chaque cellule devient peu à peu unique au fur et à mesure des accidents qui l'affectent. La cellule est même mieux individuée que bien des organismes (notamment dans les cas cités dans la section précédente). On pourrait objecter que, du point de vue du critère de l'indépendance comprise comme autonomie (qui est l'une des manières de comprendre la perséité), la cellule est moins individuée qu'un organisme, précisément parce qu'elle dépend de l'organisme auquel elle appartient, et des autres cellules qui font partie de cet organisme, mais cette objection se dissout dès lors que l'on envisage – outre le fait général de l'extrême dépendance de tout organisme vis-à-vis de son environnement et, dans plusieurs cas, de ses congénères – le caractère extrêmement répandu des relations de symbiose (dépendance ou co-dépendance) dans la nature, comme nous l'avons fait ci-dessus.

La cellule apparaît donc comme un excellent exemple d'individu. Au moment de la formulation de la théorie cellulaire, au XIXe siècle, la cellule est apparue comme un candidat idéal au statut d'«atome» du vivant[1]. C'est d'ailleurs une vieille idée, tout à fait acceptable, de définir l'organisme comme une «communauté» ou une «société» de cellules. Claude Bernard formule très clairement cette idée[2], reprise ensuite par Bergson[3] et examinée par Canguilhem[4].

Un autre candidat légitime au statut d'individu biologique est, pour de nombreuses raisons, l'écosystème[5]. Un écosystème peut être vu comme un individu, dont les constituants seraient les parties, exactement comme des organes

1. G. Canguilhem, « La théorie cellulaire » (1945), dans *La Connaissance de la vie* (1965), Paris, Vrin, 1992, p. 43-80; F. Duchesneau, *Genèse de la Théorie cellulaire*, Montréal-Paris, Bellarmin-Vrin, 1987.

2. C. Bernard, *Introduction à l'étude de la médecine expérimentale*, Paris, Flammarion, 1984 (IIe partie, Chap. 1), et *Leçons sur les phénomènes de la vie communs aux animaux et aux végétaux*, Paris, Vrin, 2000, p. 355-358.

3. H. Bergson, *L'Évolution créatrice* (1907), Paris, PUF, 2007, chap. I.

4. G. Canguilhem, « La théorie cellulaire », art. cit.

5. P. Blandin, « L'écosystème existe-t-il ? Le tout et la partie en écologie », dans Th. Martin (dir.), *Le Tout et les parties dans les systèmes naturels*, Paris, Vuibert, 2007, p. 21-46.

relativement à l'organisme qui les porte[1]. En tant qu'entité écologique, pour reprendre la terminologie de Niles Eldredge, l'écosystème est un excellent exemple d'individu, étant un lieu d'interactions et d'échanges d'énergie[2].

La deuxième objection est donc que, bien que nous pensions spontanément que seuls les organismes sont des individus biologiques, bien d'autres entités peuvent, en réalité, satisfaire les critères d'individualité que nous avons définis.

INDIVIDUATION THÉORIQUE CONTRE INDIVIDUATION PERCEPTIVE

Si nous considérons généralement l'organisme comme l'individu typique, c'est simplement parce que nous nous disons que nous « voyons bien » que c'est un individu. Cependant, dans un grand nombre de cas, nous sommes incapables de dire où se situe l'individu biologique et même de déterminer précisément ce qui compte comme *un* organisme. En privilégiant indûment l'exemple de certains organismes comme les mammifères, nous accordons une confiance excessive à notre perception. Notre définition de l'individualité est

1. G. Canguilhem, « Le vivant et son milieu » (1946-1947), dans *La Connaissance de la vie, op. cit.*, p. 129-154. Pour une analyse d'ensemble du concept central d'individualité biologique dans l'œuvre de Canguilhem, voir J. Gayon, « Le concept d'individualité dans la philosophie biologique de Georges Canguilhem », dans M. Bitbol et J. Gayon (dir.), *L'Épistémologie française (1830-1970)*, Paris, PUF, 2006, p. 431-463.

2. N. Eldredge, *Unfinished Synthesis : Biological Hierarchies and Modern Evolutionary Thought*, New York, Oxford UP, 1985. Voir la contribution de J. Gayon, p. 127-150.

anthropocentriste, ou, plus précisément, dépendante de nos conditions biologiques d'existence en tant qu'êtres humains, au premier rang desquelles notre taille et notre appareil perceptif[1]. Or, rien n'indique que l'individuation perceptive soit satisfaisante. D'un point de vue perceptif, une table est un individu, mais d'un point de vue physique c'est une concentration d'atomes, donc une agrégation d'individus, dominée par du vide[2]. De la même manière, si l'on se fonde sur la perception, un être vivant comme la « galère portugaise » est un seul individu, tandis que, pour la biologie, il s'agit d'une colonie d'organismes. Si l'on cherche les « individus naturels », c'est-à-dire les individus qui peuplent le monde qui nous entoure, alors on doit comprendre les processus causaux dans lesquels ces individus sont impliqués, ce que l'on ne saurait faire en en restant au niveau de la simple perception et du sens commun. Pour cette raison, les sciences expérimentales s'appuient sur des *théories* (*i.e.* des ensembles structurés d'hypothèses testables empiriquement) comme fondements les plus solides pour décrire les individus naturels. Les sciences expérimentales offrent donc une ontologie (au sens d'une description du monde réel), fondée théoriquement, c'est-à-dire qu'elles prennent appui sur des théories scientifiques pour proposer une description des entités dont le monde est constitué. Les théories scientifiques offrent une « description du monde », parfois tout à fait explicite, parfois implicite,

---

1. D. Hull, « Individual », dans E.F. Keller et E. Lloyd (dir.), *Keywords in evolutionary biology*, Cambridge (Mass.), Harvard UP, 1992, p. 180-187.
2. A. Eddington, *The Nature of the Physical World* (1928), Whitefish, Kessinger Publishing, 2005. Voir également les analyses de B. Russell, *Problèmes de philosophie* (1912), Paris, Payot, 1989.

qui précisément vient réviser la description intuitive, très souvent fortement anthropocentriste, que nous faisons du monde[1].

Nous proposons donc de répondre à la question de l'individuation biologique en fondant notre réponse sur une ou des théorie(s) biologique(s). Cette démarche conduit à compléter la distinction entre individuation logique et individuation ontologique[2] par une deuxième distinction, entre individuation perceptive et individuation théorique, qui en réalité vient perturber la première. Certes, tout individu logique n'est pas un individu ontologique. Cependant, nous nous appuyons la plupart du temps sur la *perception* ou sur nos *intuitions* pour individuer ontologiquement les êtres, ce qui n'est pas légitime au regard des arguments qui viennent d'être développés. L'individuation théorique peut elle-même relever soit d'une individuation logique, soit d'une individuation ontologique. Toutes les entités mentionnées dans le cadre d'une théorie scientifique, en effet, ne sont pas nécessairement des individus au sens ontologique : par exemple, les théories contemporaines en neurologie mentionnent des neuromédiateurs sans présupposer qu'un neuromédiateur est un « individu » (il s'agit donc seulement, dans ce cas, d'une individuation logique). Cependant, l'un des objectifs explicites les plus fondamentaux des théories scientifiques dans les sciences expérimentales est de dévoiler le « mobilier du monde », c'est-à-dire de proposer une description des individus « réels » qui peuplent le monde dans lequel nous vivons (il s'agit alors d'une individuation

---

1. W.V.O. Quine, « De ce qui est », dans *Du point de vue logique* (1953), Paris, Vrin, 2003, p. 25-48.

2. Voir la contribution de S. Chauvier, p. 11-35.

ontologique)[1]. Cette description se heurte, dans de très nombreux cas, à notre description intuitive et immédiate du monde, et souvent s'y substitue, car elle permet de donner une image du monde plus unifiée, plus cohérente, et plus à même de rendre possibles des prédictions vérifiables.

Se pose alors la question du *fondement* de l'individuation, qui est différente de celle des *critères* d'individuation, posée en commençant. Il est possible de fonder l'individuation sur différents « socles », deux d'entre eux particulièrement importants pour l'être humain étant la perception, et la formulation de théories scientifiques. Il faut alors se demander ce que le philosophe cherche exactement à faire quand il tente de définir et de circonscrire l'individu. S'il cherche simplement à expliciter les conditions de notre perception en tant qu'êtres humains et à réfléchir aux meilleures manières d'agir sur notre environnement quotidien (par exemple déplacer une table ou fuir une méduse), il est clair qu'il doit proposer un examen de l'individuation *perceptive*, c'est-à-dire expliciter les critères de ce qui nous *apparaît* comme un individu. Si, au contraire, il cherche à déterminer de quels individus le monde est constitué indépendamment de la manière dont nous le percevons spontanément (y compris en raison de notre taille, de notre durée, etc.), alors il doit proposer un examen de l'individuation *théorique*, c'est-à-dire partir des théories scientifiques de son

---

1. L'expression « mobilier du monde », parfois attribuée à Berkeley, est souvent reprise de nous jours chez les philosophes et scientifiques se préoccupant de métaphysique, tout particulièrement dans le monde anglo-saxon. Sur cette expression, ses origines et ses enjeux, voir J. Gayon, « Darwinisme et métaphysique », dans M. Perrot et J.-J. Wunenburger (dir.), *Une philosophie cosmopolite : Hommage à Jean Ferrari*, Dijon, Université de Bourgogne, 2001, p. 161-177.

temps pour proposer une caractérisation de ce qui compte comme un individu.

L'examen du problème de l'individuation biologique nous a montré que l'on ne pouvait pas fonder sur la simple perception notre réponse à la question de savoir ce qu'est un individu biologique. En suivant les analyses de David Hull[1], déterminons à présent à l'aide d'une théorie ce qu'est un individu biologique. En raison de son unité et de son caractère fortement structuré, mais aussi parce qu'elle est le soubassement de toute proposition en biologie, la théorie de l'évolution par sélection naturelle est le meilleur candidat pour procéder à une telle individuation théorique dans le domaine du vivant.

L'INDIVIDUATION PAR LA THÉORIE DE L'ÉVOLUTION PAR SÉLECTION NATURELLE

La question de l'individuation biologique est l'une des plus discutées de la philosophie de la biologie contemporaine[2]. La question « qu'est-ce qu'un individu biologique? » y est considérée comme équivalente à la question « qu'est-ce qu'un individu évolutionnaire? », ce qui signifie que c'est la théorie de l'évolution par sélection naturelle qui nous dit ce qui compte comme un individu dans le monde du vivant. On considère comme un individu évolutionnaire toute entité sur laquelle s'exerce la sélection naturelle. L'individu est une

1. D. Hull, « Individual », art. cit.
2. D. Hull, « A Matter of Individuality », art. cit.; L. Buss, *The Evolution of Individuality*, Princeton, Princeton UP, 1987; R. Michod, *Darwinian Dynamics. Evolutionary Transitions in Fitness and Individuality*, Princeton, Princeton UP, 1999.

unité d'interaction dans un processus causal, ici celui de la sélection naturelle. L'individu pris en ce sens peut être aussi bien un gène qu'un génome, un organite, une cellule, un organisme, un groupe, une espèce, etc. Du point de vue de la théorie de l'évolution par sélection naturelle, il existe donc toute une hiérarchie d'individus biologiques dans la nature, le critère pertinent pour la délimitation d'un individu biologique étant celui de savoir s'il participe comme un tout au processus de sélection naturelle.

Voyons de quelle manière cette ontologie fondée théoriquement peut entrer en conflit avec l'individuation de sens commun. Dans l'un des textes les plus célèbres sur l'individualité biologique, intitulé «Que sont les pissenlits et les pucerons?»[1], Daniel Janzen propose une distinction entre l'individu de sens commun et l'individu évolutionnaire. L'individu de sens commun est ce qui nous apparaît, intuitivement, comme un individu. L'individu évolutionnaire est ce qui peut se voir attribuer une valeur adaptative reproductive, c'est-à-dire l'individu qui est engagé dans un processus de compétition darwinienne. Janzen prend l'exemple du pissenlit : pour chacun d'entre nous, un pissenlit individuel est une tige surmontée d'une fleur jaune; cependant, d'un point de vue évolutionnaire, le pissenlit individuel n'est pas cette tige surmontée d'une fleur, mais le champ entier de pissenlits, car la reproduction du pissenlit par apomixie (une forme de reproduction asexuée) donne naissance à un champ de pissenlits tous génétiquement identiques, qui ne sont donc pas en compétition évolutionnaire les uns avec les autres. Ainsi, «il pourrait

1. D.H. Janzen, «What are dandelions and aphids?», *The American Naturalist*, 1977, 111 (979), p. 586-589.

n'y avoir pas plus de quatre pissenlits individuels en compétition les uns avec les autres pour le territoire de toute l'Amérique du Nord »[1]. Comme on le voit à présent, il y avait donc un deuxième piège dans la liste proposée plus haut : contrairement aux apparences, chaque tige de pissenlit n'est pas, pour le biologiste évolutionniste, un individu, mais seulement une *partie* d'un individu, qui est l'individu évolutionnaire (le champ de pissenlits).

De la même manière, l'individu évolutionnaire chez le puceron est l'ensemble des insectes issus d'un même œuf et « croissant » par parthénogenèse (une autre forme de reproduction – ou multiplication – asexuée), et non pas chaque petit puceron tel que nous le percevons. Étant donné qu'ils partagent le même génome, on ne peut pas dire qu'ils sont en compétition les uns avec les autres, et on doit même dire qu'ils constituent les « parties » du même individu.

Ainsi, s'appuyant sur les travaux sur le noyau structurel de la théorie de l'évolution par sélection naturelle[2], plusieurs biologistes et philosophes de la biologie ont proposé de répondre à la question de l'individuation dans le monde du vivant en affirmant l'existence de toute une hiérarchie d'individus biologiques (gènes, cellules, organismes, etc.)[3]. Une dense littérature

1. R. Dawkins, *The Extended Phenotype*, Oxford, Oxford UP, 1982, p. 254. Dans ce passage, Dawkins commente Janzen et propose sa propre conception de l'individualité biologique.

2. R. Lewontin, « The Units of Selection », *Annual Review of Ecology and Systematics* 1, 1970, p. 1-18.

3. D. Hull, « A Matter of Individuality », art. cit. ; D. Hull, « Individual », art. cit. ; S.J. Gould et E. Lloyd, « Individuality and adaptation across levels of selection : How shall we name and generalize the unit of Darwinism? », *PNAS USA* 96 (21), 1999, p. 11904-11909 ; S.J. Gould, *The Structure of Evolutionary Theory*, Cambridge (Mass.), Harvard UP, 2002, chap. 8.

biologique a également exploré la question de l'intégration d'un niveau individuel dans un autre, par exemple la naissance des organismes pluricellulaires à partir de l'existence de cellules individuelles, ou le maintien de l'unité et de l'intégrité d'un organisme pluricellulaire actuel en dépit de la compétition susceptible d'apparaître à un niveau individuel inférieur, par exemple celui des cellules[1]. Se dessine à partir de là une ontologie riche et hiérarchisée, avec des degrés d'individualité plus ou moins bien réalisés, et de possibles « intégrations », certains individus étant des « parties » d'autres individus. Bien sûr, cette idée d'intégration de niveaux d'individualité n'est pas nouvelle, puisqu'on la trouve exprimée, par exemple, chez Leibniz[2]; ici, cependant, elle est fondée sur la théorie de l'évolution, qui définit l'individualité sur la base d'une unité d'interaction dans le processus de sélection naturelle.

L'un des aspects les plus intéressants – et les plus paradoxaux – de cette argumentation est que, pour qu'une entité quelconque joue le rôle qu'elle est supposée jouer dans le processus de sélection naturelle, elle doit être comprise comme une entité spatio-temporellement située. D'où la thèse, au premier abord surprenante, selon laquelle une espèce biologique est un individu[3]. Un enjeu décisif pour l'individuation

1. L. Buss, *The Evolution of Individuality*, *op. cit.*; R. Michod, « Evolution of the individual », *The American Naturalist*, 150, 1997, p. S5-S21; R. Michod, *Darwinian Dynamics*, *op. cit.*

2. Lettre à Arnauld du 30 avril 1687, dans *Discours de métaphysique et Correspondance avec Arnauld*, Paris, Pocket, 1993; *Monadologie*, Paris, Gallimard, 2004, § 64-68. Sur la place particulière des organismes chez Leibniz, voir F. Duchesneau, *Les Modèles du vivant de Descartes à Leibniz*, Paris, Vrin, 1998, et M. Fichant, « Leibniz et les machines de la nature », *Studia leibnitiana*, 35 (1), 2003, p. 1-28.

3. Voir la contribution de J. Gayon, p. 127-150.

est ici celui de la généalogie, à travers un processus de copie – d'ailleurs toujours imparfaite : l'individu se définit non pas comme le membre d'une classe, mais comme un fragment, spatio-temporellement situé, d'une lignée[1]. Ainsi, « Que l'on croit que "Moïse" est un nom propre, un concept-faisceau [*cluster concept*] ou un désignateur rigide, "*Homo Sapiens*" doit être traité de la même manière »[2].

Bien entendu, l'ontologie à laquelle on parvient ainsi est « contre-intuitive »[3], ce qui ne l'empêche pas de prétendre, justement, être mieux fondée que l'ontologie de sens commun. De ce point de vue, Mary Williams a eu raison de s'opposer au grand évolutionniste Ernst Mayr, qui acceptait la validité de la thèse développée par Michael Ghiselin et David Hull sur l'individualité de l'espèce[4], mais qui disait préférer ne pas utiliser le terme d'individu car une telle utilisation allait trop à l'encontre de la conception de sens commun de ce qu'est un individu : comme le montre Williams, l'argument est précisément que, quelles que puissent être nos intuitions sur l'individualité biologique, l'individu biologique adéquat si l'on recourt à la théorie de l'évolution par sélection naturelle est tout être interagissant comme un tout dans le processus de sélection naturelle[5].

La conclusion principale proposée ici est donc la suivante : du point de vue de la théorie de l'évolution par sélection

1. D. Hull, « A Matter of Individuality », art. cit.

2. *Ibid.*, p. 338.

3. D. Hull, « Individuality and Selection », *Annual Review of Ecology and Systematics* 11, 1980, p. 311-332.

4. Voir la contribution de J. Gayon, p. 127-150.

5. M.B. Williams, « A Criterion Relating Singularity and Individuality », *Biology and Philosophy* 2, 1987, p. 204-206.

naturelle, il existe toute une hiérarchie d'individus biologiques, ce qui conduit à une description du monde du vivant différente, mais mieux fondée, que la description de sens commun.

La question se pose cependant, à présent, de savoir si, dans cette hiérarchie d'individus biologiques, l'organisme a, ou non, un statut particulier.

LE RETOUR DE L'ORGANISME ?
LES CONDITIONS D'UNE NOUVELLE INDIVIDUATION DE L'ORGANISME

Du point de vue même de la théorie de l'évolution par sélection naturelle, l'organisme pluricellulaire, bien qu'il soit seulement un individu parmi d'autres dans la hiérarchie des individus biologiques (qui comprend, on l'a vu, des gènes, génomes, cellules, organismes, groupes, espèces, etc.), s'avère être, dans un grand nombre de cas, le mieux individué des individus biologiques (ce qui ne revient cependant pas à dire qu'il est le seul). En effet, l'existence même des organismes pluricellulaires individuels présuppose l'existence de mécanismes qui répriment la possible émergence d'une compétition entre individus biologiques de niveaux inférieurs, en particulier entre gènes concurrents et entre lignées de cellules concurrentes. Ainsi, un organisme pluricellulaire inhibe, notamment grâce à son système immunitaire, la réplication inconsidérée de lignées de cellules en son sein, sauf dans le cas, pathologique, des cancers[1], une tumeur cancéreuse

---

1. L. Buss, *The Evolution of Individuality, op. cit.*; R. Michod, *Darwinian Dynamics, op. cit.*

étant précisément le produit d'une multiplication excessive, incontrôlée, de lignées de cellules, qui n'obéissent plus aux signaux de mort qu'elles reçoivent. En d'autres termes, un organisme est dans de nombreux cas mieux individué que d'autres individus biologiques car il agit davantage qu'eux comme une unité d'interaction dans le processus de la sélection naturelle.

D'un point de vue physiologique (et non plus évolutionnaire) également, l'organisme pluricellulaire apparaît comme un excellent exemple d'individu. Ce qui est requis ici est une *théorie* physiologique, qui nous permettrait de proposer une individuation biologique complémentaire de celle fondée sur la théorie de l'évolution par sélection naturelle. Or, l'immunologie, qui est l'un des domaines de la physiologie, fournit une théorie qui permet de définir l'individualité de l'organisme, et plus précisément ses frontières [1]. L'immunologie est la discipline qui étudie les interactions entre les organismes et les micro-organismes, parfois pathogènes, qu'ils rencontrent. Le système immunitaire joue un rôle décisif dans l'individuation de l'organisme [2] car il opère une distinction

---

1. Soit la théorie (dominante) du soi et du non-soi (F.M. Burnet, *Self and Not-Self*, Cambridge, Cambridge UP, 1969), soit l'une des théories concurrentes, dont la théorie de la continuité, développée dans T. Pradeu et E.D. Carosella, « On the definition of a criterion of immunogenicity », *PNAS USA* 103 (47), 2006, p. 17858-17861. Nous laissons ici de côté la question de savoir si d'autres domaines de la physiologie que l'immunologie sont susceptibles de fournir des théories biologiques, permettant de préciser encore la définition de l'individu biologique.

2. F.M. Burnet, *Self and Not-Self*, *op. cit.*; S.J. Gould et E. Lloyd, « Individuality and adaptation across levels of selection : How shall we name and generalize the unit of Darwinism ? », art. cit.; T. Pradeu et E.D. Carosella, « On the definition of a criterion of immunogenicity », art. cit.

entre les entités qui sont durablement tolérées et celles qui sont rejetées par l'organisme. Or, contrairement à ce qu'affirme la théorie du soi et du non-soi, cette distinction ne s'opère pas entre entités *endogènes* (c'est-à-dire qui trouvent leur origine dans l'organisme lui-même) et *exogènes* («étrangères», relevant du «non-soi»), puisque de nombreuses entités étrangères sont tolérées par l'organisme et en deviennent même des constituants majeurs, tout particulièrement les bactéries qui entretiennent une relation de symbiose avec lui, comme les bactéries de l'intestin. Si l'on tient compte des résultats de l'immunologie contemporaine à propos du phénomène de *tolérance immunitaire*, tout organisme doit être conçu comme «hétérogène», c'est-à-dire comme constitué d'entités différentes et ayant des origines différentes[1]. Tout organisme est donc, au sens biologique du terme, une chimère, c'est-à-dire un ensemble composite de cellules d'origines différentes[2].

Une telle redéfinition de l'identité biologique à partir des résultats de l'immunologie contemporaine permet de prendre parti dans le débat, présent dans toute la biologie, entre internalisme et externalisme[3]. Selon l'internalisme, un être vivant est principalement le produit du déploiement de potentialités préexistantes, qui déterminent son développement. Comme exemples d'internalisme, on peut penser au préformation-

---

1. T. Pradeu, *Les Limites du soi. Immunologie et identité biologique*, Montréal-Paris, Bellarmin-Vrin, à paraître (2009); T. Pradeu, «What is an organism?», à paraître.

2. T. Pradeu, «La mosaïque du soi : les chimères en immunologie», art. cit.

3. P. Godfrey-Smith, *Complexity and the function of mind in nature*, Cambridge, Cambridge UP, 1996.

nisme[1], dans lequel Leibniz a joué un rôle décisif[2], ou au concept de « programme génétique » qui a dominé la génétique de la deuxième moitié du XXe siècle[3]. Selon l'externalisme, un être vivant est principalement le produit des influences de son environnement. Un bon exemple d'externalisme est le behaviorisme en psychologie. L'argumentation proposée ici conduit à soutenir une position intermédiaire, l'interactionnisme biologique, selon lequel tout organisme construit son environnement, et réciproquement est construit par lui[4].

Ainsi, grâce à la conjonction entre théorie évolutionnaire et théorie physiologique, l'organisme pluricellulaire apparaît comme l'un seulement des individus biologiques, mais en même temps comme étant, souvent, le mieux individué d'entre eux. Cependant, l'organisme individuel auquel on parvient ainsi est théoriquement, et non plus intuitivement, fondé. Il n'a pas nécessairement les mêmes frontières que l'organisme

1. Selon le préformationnisme, qui s'est opposé, principalement au XVIIIe siècle, à la thèse dite de « l'épigenèse », l'organisme adulte est déjà contenu, « en petit », dans l'œuf dont il est issu.

2. Voir en particulier « De ipse natura » (1698), dans *Opuscules philosophiques choisis*, Paris, Vrin, 1959; *Essais de théodicée* (1710), Paris, GF-Flammarion, 1969, § 90-91; *Monadologie* (1714), M. Fichant (éd.), Paris, Gallimard, 2004, § 74.

3. L'idée de « programme génétique » a souvent été décrite comme une résurgence du préformationnisme : R. Lewontin, *La Triple Hélice*, Paris, Seuil, 2003.

4. Sur cette thèse, voir R. Lewontin, *La Triple Hélice*, *op. cit.*; sur son application à l'immunologie, voir T. Pradeu et E.D. Carosella, « The Self Model and the Conception of Biological Identity in Immunology », *Biology and Philosophy* 21 (2), 2006, p. 235-252 et T. Pradeu, « L'immunité et l'interactionnisme biologique », dans Th. Martin (dir.), *Le Tout et les parties dans les systèmes naturels*, *op. cit.*, p. 99-106.

intuitivement conçu, en particulier parce qu'il inclut des entités qui, comme les bactéries, semblent « étrangères » pour le sens commun. En outre, cette individuation théorique permet de trancher certains cas complexes, et pour lesquels l'intuition seule est incapable de dire où se trouve l'individu, comme par exemple le cas des organismes coloniaux examiné ci-dessus : ainsi, dans le cas de *Botryllus schlosseri*, on peut affirmer que le bon individu est la colonie tout entière, et non chaque « sac » individuel, car la colonie possède un unique système immunitaire. On aboutit donc bien à une redéfinition et une redélimitation de l'organisme individuel grâce à cette rencontre entre théorie évolutionnaire et théorie physiologique.

DE L'INDIVIDU BIOLOGIQUE À L'INDIVIDU EN GÉNÉRAL

Que déduire de ce que l'on a dit sur l'individu biologique pour l'individu en général ? Tout d'abord, que l'individu biologique n'est pas comme tel un individu paradigmatique. Autrement dit, si l'on cherche un exemple paradigmatique qui viendrait illustrer et confirmer nos intuitions sur ce qu'est un individu, la biologie ne fournit pas un tel exemple. Cela ne signifie pas, cependant, qu'il nous soit impossible de réviser notre conception de l'individuation à l'aune de ce que nous apprennent les sciences du vivant contemporaines.

Premièrement, les sciences du vivant nous offrent peut-être moins un modèle d'individualité qu'un modèle de fondement pour l'individuation, à savoir le fondement théorique. Cela signifie que, pour déterminer ce qui compte comme un individu réel, nous devons nous appuyer, au moins partiellement, sur les théories scientifiques. Une telle conception s'inscrit dans ce que l'on appelle aujourd'hui la « métaphysique des sciences », qui affirme que l'on ne peut pas répondre au problème métaphysique de la compréhension du monde réel (et en particulier à la question de savoir ce qui compte comme un individu réel) sans tenir compte des résultats scientifiques de son temps[1]. Cela n'implique pas, pour autant, que le métaphysicien doive s'en tenir à ce que disent les scientifiques sur le monde réel : il doit sélectionner, amender, parfois corriger, les affirmations des scientifiques, afin d'élaborer la meilleure description possible du monde réel[2]. La métaphysique des sciences contemporaines ne fait que renouer avec l'affirmation de l'intime solidarité entre recherches métaphysiques et développements scientifiques, manifeste en philosophie, des origines jusqu'au XVIIIe siècle (par exemple chez Aristote, Descartes ou encore Leibniz).

Deuxièmement, en quoi notre conception de l'individu est-elle modifiée si l'on tient compte des leçons des sciences du vivant contemporaines sur l'individualité biologique? Le point le plus fondamental est que la continuité temporelle devient un critère décisif d'individualité, au détriment de la continuité spatiale ou plutôt de la cohésion spatiale. C'est, par exemple, ce qu'a montré l'examen du cas du pissenlit : le fait que chaque tige nous apparaisse davantage comme *une* chose

1. M. Esfeld, *Philosophie des sciences. Un introduction*, Lausanne, Presses polytechniques et universitaires romandes, 2006; D. Papineau, « Introduction », dans D. Papineau (dir.), *The Philosophy of Science*, Oxford, Oxford UP, 1996.

2. Cela rejoint ce que P. Godfrey-Smith appelle une « philosophie de la nature » : « On the status and explanatory structure of developmental systems theory », dans S. Oyama, P.E. Griffiths et R.D. Gray (dir.), *Cycles of contingency : developmental systems and evolution*, Cambridge (Mass.), MIT Press, p. 283-297. Je remercie S. Chauvier pour nos échanges sur cette question.

(cohésive) que le champ de pissenlits perd toute son importance dès lors que l'on tient compte du critère de l'unité génétique dans le processus d'évolution (qui fait que l'individu
évolutionnaire est le champ lui-même, et non chaque tige).
Cette importance de la continuité temporelle n'est guère
surprenante puisque la théorie de l'évolution est une théorie
relative à la généalogie des êtres vivants. Il s'agit cependant
d'un aspect crucial, car la biologie, à la fois évolutionnaire et
physiologique, tend à renforcer la conception de l'identité
biologique comme « genidentité »[1], *i.e.* comme continuité
spatiotemporelle, conception que l'on trouve exprimée chez
Locke[2], Hume[3], W. James[4], ou Reichenbach[5].

Un autre aspect de cette moindre importance de la
cohésion spatiale est la relativisation du critère d'anoméoméricité, c'est-à-dire le fait de ne pas pouvoir être coupé tout en
donnant deux individus de même type[6]. Outre que, chez de
nombreux organismes unicellulaires, la division d'un individu
en deux donne deux individus parfaitement viables, il faut

1. Sur l'aspect évolutionnaire, voir D. Hull, « Individual », art. cit.; sur
l'aspect physiologique, voir T. Pradeu et E.D. Carosella, « The Self model and
the conception of biological identity in immunology », art. cit., et « L'identité
en immunologie : soi ou continuité? », dans *L'Identité? Soi et non-soi, individu
et personne, op. cit.*

2. J. Locke, *Essai sur l'entendement humain, op. cit.*, Livre II, chap. 27.

3. D. Hume, *Traité de la nature humaine* (1739), Paris, GF-Flammarion,
1995, Livre I.

4. W. James, *Principles of Psychology* (1890), Cambridge (Mass.),
Harvard UP, 1983.

5. H. Reichenbach, *The Philosophy of Space and Time* (1927), trad. angl.
New York, Dover, 1957, § 21; *Experience and Prediction*, Chicago, University
of Chicago Press, 1938, chap. 4, § 28.

6. Voir la contribution de S. Chauvier, p. 11-35.

noter que si on coupe en deux un organisme pluricellulaire tel qu'une colonie de porifères, il reste un organisme en parfait fonctionnement.

Si, à présent, on s'intéresse à l'être humain, en réitérant l'argument selon lequel il est d'abord un organisme appartenant à cette espèce particulière qu'est *Homo Sapiens*, que déduire, concernant son individualité, de ce qui a été montré ici concernant l'individualité biologique? L'aspect le plus important serait sans doute le rejet de l'internalisme (l'idée que l'individu est auto-construit) et de l'externalisme (l'idée que l'individu est le produit d'influences extérieures), au profit d'une forme d'interactionnisme «co-constructionniste», selon lequel l'individu construit son environnement et est en même temps construit par lui. De fait, on retrouve des conceptions interactionnistes de l'individu en psychologie – qui est aussi, en partie tout au moins, une discipline biologique[1]. On les retrouve également en sciences sociales (notamment dans l'«interactionnisme symbolique»[2]), ainsi qu'en philosophie générale, tout particulièrement chez Dewey[3].

---

1. Pour trois exemples de textes qui articulent biologie générale et psychologie en proposant un interactionnisme co-constructionniste, voir S. Oyama, *The Ontogeny of Information* (1985), Durham (N.C.), Duke UP, 2000; R. Lewontin, S. Rose et L.J. Kamin, *Not in our genes: biology, ideology and human nature*, New York, Pantheon Books, 1984; R. Lewontin, *Human Diversity*, New York, Scientific American Library, W.H. Freeman, 1982.

2. Par exemple E. Goffman, *La Mise en scène de la vie quotidienne. La présentation de soi* (1956), Paris, Minuit, 1973.

3. J. Dewey, *Le Public et ses problèmes* (1927), trad. fr. J. Zask, Pau, Farrago-Léo Scheer, 2003. Voir la contribution de Ch. Girard, p. 177-203. Sur la question de l'applicabilité d'une thèse interactionniste à différents domaines dans lesquels intervient la notion d'individu, voir également la contribution d'É. Baget, p. 151-175.

Bien entendu, rien n'oblige le philosophe à modifier sa conception de l'individualité pour tenir compte de l'apport des sciences du vivant contemporaines. Si, cependant, il souhaite le faire, alors sa conception devra changer dans la direction indiquée ici. À tout le moins, j'espère, par l'argumentation proposée ici, avoir montré qu'une individuation intuitive ne saurait suffire, et que l'élaboration de critères pertinents d'individuation est une tâche longue, toujours remise en question, dans laquelle les théories scientifiques doivent jouer un rôle crucial [1].

Thomas Pradeu

---

1. Je remercie Ch. Girard pour ses commentaires sur une première version de ce texte.

LES ESPÈCES ET LES TAXONS
MONOPHYLÉTIQUES SONT-ILS DES INDIVIDUS ?

INDIVIDUALITÉ DES ESPÈCES ET DES TAXONS
LES THÈSES

L'espèce biologique en tant qu'individu

Le titre de cette contribution renvoie à une controverse majeure dans la philosophie de la biologie contemporaine. Cette controverse a résulté d'une proposition insolite avancée dans les années 1970, consistant à dire que les espèces biologiques avaient le statut ontologique non de classes mais d'individus. On peut se demander comment le terme d'espèce, qui depuis l'Antiquité a exprimé la notion de classe logique, a pu en venir à être associé, dans la biologie de l'évolution contemporaine, à la notion opposée d'individu ou être singulier. *Species* est le mot latin par lequel Cicéron a proposé, dans les *Académiques*, de traduire le mot *eidos* au sens qu'il a pris dans la philosophie grecque[1]. Depuis, ce terme a toujours connoté en philosophie la notion de quelque chose qui, étant

---

1. Marcus Tullius Cicero, *Academica*, book I, sect. VIII-IX.

un abstrait, ne change pas. À partir du XVIe siècle, le terme d'espèce (en latin aussi bien que dans ses formes diverses dans les langues européennes) a été utilisé en histoire naturelle pour désigner l'unité de base des classifications biologiques, à côté d'autres catégories taxinomiques plus inclusives comme le genre, la famille et l'ordre. Et cela est toujours le cas. À ce point, notre étonnement rebondit : si dans les sciences de la vie l'espèce est le nom d'une catégorie taxinomique, le statut ontologique des espèces a toujours été et demeure celui d'une classe logique[1]. Comment dans ces conditions a-t-on pu en venir à dire que les espèces sont des individus ? La réponse est simple : lorsque des biologistes ou des philosophes contemporains disent qu'une espèce est un individu, c'est parce qu'ils considèrent les espèces comme les unités de base du processus évolutif. Si les espèces changent, se divisent et s'éteignent, elles ressemblent plus, d'un point de vue ontologique, à des choses singulières qu'à des classes intemporelles et immuables.

---

1. Écartons d'emblée une difficulté sémantique qui a égaré plus d'un auteur. Quand on parle de l'espèce, on utilise le mot en deux sens. Tantôt on pense à des espèces particulières, qui sont pour le taxonomiste des classes d'objets singuliers (des organismes particuliers) ; tantôt on pense au concept général de l'espèce, donc à une *catégorie taxinomique* (au même titre que le genre, la famille, etc.). Cette catégorie est un concept de second ordre. *Homo sapiens* ou *Mus musculus* sont des noms d'espèces particulières ; « espèce » tout court est le nom de la catégorie taxinomique qui rassemble toutes les entités particulières que les biologistes appellent des « espèces ». La question cruciale est évidemment de savoir si une telle catégorie est de convention ou si elle est objective, autrement dit s'il existe des propriétés communes à toutes les entités qu'on appelle des « espèces ». Dans la langue anglaise, les ambiguïtés sémantiques sont renforcées par le fait que « *species* » a même forme au singulier et au pluriel.

Radicalisation : les taxons comme individus

Pour la clarté de notre présentation, il est indispensable de rappeler une distinction conventionnelle de la systématique contemporaine, celle entre taxon et catégorie taxinomique. Un taxon est une collection particulière d'individus, par exemple *Mus musculus* (nom d'espèce de la souris domestique), *Mus* (le genre souris), les Rongeurs, les Mammifères, les Vertébrés. Dans cet exemple, chaque membre de la série est inclus dans la classe désignée par le membre suivant (les souris domestiques sont l'une des espèces composant le genre *Mus*, le genre *Mus* est l'un des genres composant la famille des Rongeurs, etc.). Lorsque les philosophes ou les biologistes parlent de l'individualité de l'espèce, ils s'intéressent aux taxons particuliers, pas à la catégorie taxinomique de l'espèce, qui est toujours, par construction, une classe [1]. Dans leur grande majorité, les systématiciens, avant et après Darwin, ont toujours été enclins à penser que la seule catégorie taxinomique ayant un sens naturel et objectif était l'espèce, toutes les autres étant de convention. Darwin ne voyait pas ainsi les choses. Pour lui, la catégorie d'espèce était tout aussi conventionnelle que l'ensemble des autres rangs taxinomiques, car il n'y avait pas selon lui de solution de continuité entre les « variétés » et les « espèces », les variétés étant des « espèces commençantes » (*incipient species*). Ce qui seul était réel pour Darwin, c'était « l'arrangement » généalogique des taxons, non leur « rang » [2].

Quoi qu'il en soit, la thèse de l'individualité de l'espèce a été étendue par certains biologistes et philosophes à l'ensemble

1. Voir note précédente.
2. Voir sur ce point les remarquables réflexions du chap. 13 de *L'Origine des espèces*, 1ʳᵉ éd. London, Murray, 1959 ; Paris, GF-Flammarion, 1992.

des taxons monophylétiques, qui ont en cette occasion parlé de
« l'ontologie contre-intuitive » requise par la biologie contemporaine [1]. L'idée est alors que tous les taxons monophylétiques
sont comme les espèces des singularités historiques, des
entités spatio-temporelles uniques.

Un taxon monophylétique est un groupe d'espèces
constitué d'une espèce et de *toutes* les espèces qui en
descendent, et rien d'autre. Les taxons monophylétiques sont
emboîtés les uns dans les autres. Leur reconstitution est l'objet
principal de la systématique contemporaine, dont l'histoire
évolutive est l'arrière-plan incontournable. La reconstitution des arbres phylogénétiques est une tâche extrêmement
complexe, qui repose aujourd'hui sur un arsenal de méthodes
formelles et quantitatives, qui a abouti à montrer qu'un très
grand nombre de taxons que l'on considérait naturels jusque
dans les années 1960 ou au delà, étaient en fait des regroupements artificiels. La notion de taxon monophylétique s'oppose
à deux autres. Elle s'oppose d'abord à celle de taxon polyphylétique, c'est-à-dire un taxon défini par une ressemblance qui
n'a pas été héritée d'un groupe ancêtre commun, mais est
partagée par des groupes d'organismes qui ont acquis le trait
séparément. Par exemple les « animaux à sang chaud »
(homéothermes), c'est-à-dire les mammifères et les oiseaux,
sont un groupe polyphylétique. Les mammifères et les oiseaux

---

1. D. Hull, « Individuality and Selection », art. cit., p. 311-332 ; « Units
of Evolution : A Metaphysical Essay », dans U.J. Jensen et R. Harré (eds.),
The Philosophy of Evolution, Brighton, Harvester Press, 1981, p. 23-44.
N. Eldredge et S.N. Salthe, « Hierarchy and Evolution », dans R. Dawkins et
M. Ridley (eds.), *Oxford Surveys in Evolutionary Biology*, 1, 1984, p. 182-206.
N. Eldredge, *Unfinished Synthesis : Biological Hierarchies and Modern
Evolutionary Thought*, *op. cit.*

ont sans doute un ancêtre commun, mais lorsqu'on regroupe les mammifères et les oiseaux dans un groupe nommé « homéothermes », on ne considère pas *toutes* les espèces issues de l'ancêtre commun présumé. Les « vautours » ou les « ongulés » sont aussi des taxons polyphylétiques. On isole en quelque sorte deux branches haut situées sur l'arbre phylogénétique, et on les regroupe sur la base d'un trait fonctionnel que les deux groupes ont acquis séparément. Un taxon monophylétique s'oppose aussi à un taxon paraphylétique, qui regroupe une espèce ancestrale et une fraction seulement de ses descendants. Par exemple, le groupe des « reptiles » est un taxon paraphylétique. Sans entrer dans le détail technique et en utilisant un langage imagé et en toute rigueur impropre, c'est un groupe constitué par des dinosaures et tous leurs descendants ressemblant à des crocodiles, des lézards et des serpents, en excluant les oiseaux, qui en sont pourtant une branche. D'innombrables groupes taxinomiques classiques se sont révélé être des taxons paraphylétiques. Les « poissons » constituent un groupe paraphylétique. Nous n'avons donné ces précisions que pour bien faire comprendre ce qu'est un taxon monophylétique : c'est un ensemble d'ancêtres-descendants comprenant exhaustivement le groupe-ancêtre et tout ce qui en a dérivé, sans redécoupage pour une raison quelconque.

La thèse selon laquelle les taxons monophylétiques sont des individus est néanmoins tout aussi troublante que celle de l'individualité des espèces. D'un côté, on comprend intuitivement ce que cela veut dire en contexte évolutionniste : un taxon monophylétique est une entité collective, certes, mais unique dans l'évolution, et « naturelle » (tandis que les taxons paraphylétiques ou polyphylétiques sont des regroupements arbitraires du point de vue de la généalogie). D'un autre côté, un taxon monophylétique est typiquement une structure classificatoire. Cette structure classificatoire est une hiérarchie inclusive, autrement dit un emboîtement de classes. Les classes en question sont certes définies par des relations de filiation et de scission entre des collections d'êtres dont le profil a changé, et elles renvoient sans doute à quelque chose d'unique dans la vie, mais ce ne sont pas moins des classes : une fois définies, si elles reflètent objectivement la phylogénie, leur structure est permanente, et éternellement vraie[1]. Dire que ces entités sont des individus soulève donc de délicats problèmes.

Dans la suite de ce chapitre, nous examinons plus en détail les arguments philosophiques qui ont conduit à prendre au sérieux les thèses de l'individualité des espèces et de l'individualité des taxons monophylétiques, et nous soulignons quelques difficultés qu'elles soulèvent.

ARGUMENTS « INDIVIDUALISTES »

Espèces

C'est le biologiste Michael Ghiselin qui a le premier proposé que les espèces biologiques aient le statut ontologique d'individus[2], même si on peut trouver des antécédents plus ou

---

1. Sur cette question, voir la remarquable étude malheureusement non publiée du défunt J. Lebbe (1957-1999), « Représentations par objets et classifications biologiques », document PDF, 32 p. Nous remercions R. Zaragüeta, maître de conférences à l'Université Pierre-et-Marie-Curie, de nous avoir communiqué ce document élaboré dans le cadre de l'unité « Classification, évolution et biosystématique ».

2. M. Ghiselin, « A radical solution to the species problem », *Systematic Zoology*, 23, 1975, p. 536-544. En réalité, Ghiselin avait déjà esquissé cette conception dans plusieurs publications antérieures, notamment : « On psychologism in the logic of taxonomic controversies », *Systematic Zoology*, 1966,

moins explicites à cette proposition [1]. Par « individu », Ghiselin entend une *chose* naturelle singulière existant dans l'espace et dans le temps. Les arguments de Ghiselin relèvent plus de l'explicitation que d'une véritable démonstration. Selon lui, dire que les espèces sont des individus plutôt que des classes implique que :

– les espèces ont des parties (ou constituants) plutôt que des instances (par exemple l'espèce *Homo sapiens* n'est pas un abstrait instancié par des organismes individuels, mais plutôt une entité collective singulière composée de populations et d'organismes);

– les espèces sont désignées plutôt que définies (ou si l'on préfère, leur définition est ostensive plutôt que fondée sur l'énoncé d'attributs essentiels);

– les espèces ont un nom propre plutôt qu'un nom commun.

p. 207-215; *The Triumph of the Darwinian Method*, Chicago, The University of Chicago Press, 1969; « The individual in the Darwinian revolution », *New Lit. Hist.*, 1972, p. 113-134. Après 1975, il a pris en compte les débats engendrés par son article-phare dans de nombreuses publications, en particulier : « Species concepts, individuality, and objectivity », *Biology and Philosophy*, 2, 1987, p. 127-143; « Response to commentary on the individuality of species », *Biology and Philosophy*, 2, 1987, p. 207-212; « Individuality, history and laws of nature in biology », dans M. Ruse (ed.), *What the Philosophy of Biology is*, Dordrecht, Kluwer Academic Publishers, 1989, p. 63-66; *Metaphysics and the Origin of Species*, New York, State UP of New York, 1997. Sur cette conception et sa place dans l'histoire des sciences et de la philosophie, voir J. Gayon, « The individuality of the species : A darwinian theory ? – From Buffon to Ghiselin, and back to Darwin », *Biology and Philosophy*, 11, 1996, p. 215-244.

1. P. Sloan, « From logical universals to historical individuals : Buffon's idea of biological species », dans *Histoire du concept d'espèce dans les Sciences de la vie, Colloque international, Paris 1985*, Paris, Éditions de la Fondation Singer-Polignac, 1987, p. 101-140.

Ghiselin voit les espèces comme des entités écologiques, comparables à des collectifs humains tels que « le Canada » ou « General Motors ». Un pays comme le Canada, une compagnie comme « General Motors » ne sont pas des classes logiques, mais des *choses singulières* qui ont des parties (usines, êtres humains, etc.) non des instances (un employé de General Motors n'est pas un exemplaire particulier de l'entreprise). Ces choses sont des entités spatio-temporelles qui ne sont définies que de manière ostensive (en décrivant les parties, la structure, la localisation dans le temps et l'espace). Elles sont désignées par un nom propre, non par un nom commun. Le biologiste-philosophe souligne par ailleurs que l'interprétation ontologique des espèces comme individus s'accorde bien avec la vision darwinienne de l'évolution, car, d'une part, les espèces changent (or seules des choses singulières changent, pas des classes), d'autre part, elles présentent une variation synchronique et diachronique qui rend impossible dans la plupart des cas de les définir par une liste de propriétés partagées par *tous* les membres de l'espèce.

L'article pionnier de Ghiselin a constitué selon nous une avancée importante, en dépit de la vague d'incrédulité et de sarcasmes qu'il a suscitée lors de sa parution. Il faut bien reconnaître cependant que les critiques qui lui ont été adressées n'étaient pas totalement imméritées. En effet, une fois posés les principes qu'on vient de rappeler, l'essentiel du texte s'efforçait de montrer que les espèces étaient des entités présentant une cohésion interne de nature écologique, ce que laissait présager la comparaison avec les entreprises ou les pays. Or ceci n'était pas convaincant, car, à la différence des organismes ou (dans certains cas) des populations, les espèces ne présentent jamais de véritables propriétés organisationnelles. C'est ce qu'a bien vu le philosophe David Hull, qui dans un premier temps s'opposa avec force à la théorie des espèces-comme-individus, avant de s'y rallier, dans ce que nous considérons comme un des plus belles contributions à la philosophie de la biologie contemporaine, « A matter of individuality », texte publié cette fois, non dans un périodique scientifique, mais dans la plus prestigieuse des revues internationales de philosophie des sciences[1]. David Hull y déploie deux principaux arguments en faveur de l'individualité des espèces :

1) *Justification à partir de l'évolution*. Pour Hull, qui radicalise en cela l'idée maîtresse de Ghiselin, les espèces sont des individus au sens d'« entités spatio-temporellement limitées », et donc *ne sont pas* des classes, c'est-à-dire des entités spatio-temporellement illimitées. Sous cette forme, la thèse prend une allure plus vigoureuse. Les deux conceptions ontologiques des espèces biologiques sont contradictoires entre elles. Hull s'accorde aussi avec Ghiselin pour voir là une conséquence de la théorie de l'évolution, mais il formule cette idée beaucoup plus précisément. C'est en effet sous l'angle de la théorie de l'évolution par sélection naturelle que l'individualité des espèces s'impose. De ce point de vue, en effet, les espèces sont des lignées d'organismes qui se modifient. La sélection naturelle modifie la composition de ces lignées, et transitivement aussi les lignées de gènes qui véhiculent les caractères héréditairement transmissibles des organismes. Le point important à comprendre, pour Hull, est précisément ce concept de lignées : du point de vue de l'évolution, ce sont les lignées de gènes et les lignées d'organismes qui importent,

---

1. D. Hull, « A Matter of Individuality », art. cit., p. 335-360.

pas des ensembles de traits plus ou moins homogènes. Or les lignées sont des séquences d'ancêtres-descendants, dans lesquelles chaque nouveau membre est une *copie* de son prédécesseur. Le propre d'une copie est qu'elle est le résultat d'une réplication, qui n'a pas besoin d'être parfaite, dans le domaine biologique comme dans le domaine technique où cette notion trouve son origine historique. Pas plus que les manuscrits d'une même œuvre recopiés au cours des siècles ne sont identiques, une lignée de gènes n'est pas un ensemble de gènes tous identiques, chacun étant une instance d'une classe. Il en va de même des organismes, qui sont aussi des lignées de copies plus ou moins imparfaites – la reproduction sexuée amplifiant d'ailleurs considérablement la variation. Les espèces étant des lignées d'organismes, elles ne peuvent donc être conçues comme des classes de portée spatio-temporelle illimitée.

2) *Comparaison entre organismes et espèces.* Le second argument de David Hull part du constat selon lequel les organismes ont toujours été considérés comme des individus paradigmatiques (des substances premières, au sens d'Aristote), tandis que les espèces biologiques ont toujours été traitées (surtout par les philosophes) comme des classes paradigmatiques (des substances secondes). Or, explique Hull, ceci ne tient pas si l'on se place du point de vue du changement évolutif. En effet, les patrons de changement sont étrangement similaires chez les organismes et chez les espèces, à l'échelle temporelle près. Les figures 1 et 2, reprises du texte de David Hull, établissent ce point de manière saisissante, même si nous avons bien dû constater dans nos enseignements que la plupart des étudiants ne comprennent pas cette partie du texte, sans doute par défaut de culture biologique, mais aussi parce que l'auteur n'est probablement pas assez explicite.

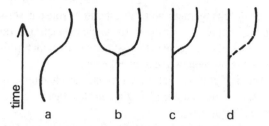

Figure 1

« Diagrammes qu'on peut interpréter soit comme représentant le
changement ontogénétique et la production de nouveaux organismes,
soit comme représentant le changement phylogénétique des espèces
et la spéciation » (David Hull, « A matter of individuality »,
Philosophy of Science, 45, 1978, p. 345)

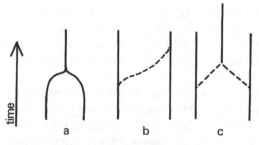

Figure 2

« Diagrammes qu'on peut interpréter soit comme des organismes qui
fusionnent totalement ou partiellement pour donner de nouveaux
organismes, soit comme des espèces qui fusionnent totalement ou
partiellement pour donner de nouvelles espèces » (David Hull,
« A matter of individuality », *Philosophy of Science*, 45, 1978, p. 346)

Les dessins des figures 1 et 2 expriment de manière
schématique divers cas de changement se prêtant à une comparaison entre organismes et espèces. La figure 1 représente des

patrons de changement soit par altération soit par scission; la figure 2 représente des patrons de changement par fusion. L'axe vertical représente le temps; l'axe horizontal représente une dimension quelconque de changement.

Dans la figure 1, quatre cas typiques de changement sont représentés, que l'auteur identifie dans les organismes autant que dans l'espèce.

Le premier cas, 1a (une ligne sinueuse), indique une modification progressive. Dans un organisme, c'est l'ontogenèse (le développement individuel); dans le cas d'une espèce, c'est l'évolution phylétique (*i.e.* le changement d'une lignée dans le temps, considérée indépendamment des événements de fission).

Le second cas, 1b (bifurcation avec deux branches s'éloignant du tronc), peut aussi bien représenter la fission d'un organisme en deux (par exemple la division d'une bactérie en deux bactéries-filles), ou le clivage d'une espèce en deux espèces différentes de l'espèce-mère. Ici l'entité-mère cesse d'exister.

Dans le troisième cas (1c), l'entité-mère persiste, mais elle bourgeonne des entités indépendantes qui ont une forme différente. Dans un organisme, la strobilisation (fréquente chez les cnidaires) illustre ce phénomène: un organisme donné (par exemple une forme polype fixée) fait des bourgeons qui se séparent et essaiment à partir du polype, et ont une morphologie différente, en l'occurrence une forme-méduse libre[1].

---

1. Ce comportement est caractéristique d'un organisme dont le cycle de vie comporte plusieurs phases avec des morphologies différentes. Dans l'exemple pris, le polype (forme fixée à reproduction végétative) essaime des méduses, formes libres qui elles-mêmes redonneront par génération sexuée des petits

L'équivalent en évolution est donné par un phénomène de spéciation dans lequel les caractères de l'espèce-mère seraient conservés dans l'une des espèces-filles, mais changeraient dans l'autre (par exemple en raison de la séparation d'une partie de la population par un obstacle géographique, et de son évolution dans des conditions de milieu différentes). La spéciation péripatrique constituerait un bon exemple [1].

Le quatrième cas (1d) est celui dans lequel une fraction de l'entité-mère persiste, mais bourgeonne des entités semblables à elle-même. Dans les organismes, ce phénomène est illustré par de nombreux cas de reproduction végétative ; par exemple un rosier émet des stolons, c'est-à-dire des branches qui vont engendrer de nouveaux rosiers en faisant des racines et en se séparant de la plante-mère. Certains animaux ont aussi une telle capacité.

La figure 2 envisage des changements par fusion de deux organismes ou espèces.

En 2a, un organisme nouveau est engendré par la fusion de deux gamètes, qui sont des organismes indépendants. L'hybridation offre un analogue en évolution : les organismes de deux espèces différentes, en s'hybridant, engendrent une population dont les caractères sont différents (cas fréquent chez les plantes).

En 2b, on peut imaginer soit l'invasion d'un organisme par un autre (symbiose) ou par une fraction d'un autre (transfusion

polypes. Des phénomènes semblables existent dans de nombreux groupes d'animaux invertébrés.

1. Dans la spéciation péripatrique, une population périphérique de l'espèce se trouve isolée et change vite tandis que les caractères de la population panmictique principale demeurent grosso modo stationnaires. Les populations insulaires offrent de beaux exemples de ce processus.

sanguine), soit une population représentant une fraction d'une espèce et s'hybridant avec une autre espèce (introgression).

En 2c, un nouvel organisme (zygote) est formé à partir de parties de deux autres (les gamètes issus d'un processus particulier dans chacun d'eux ; ce cas ne diffère de la que par l'échelle temporelle d'observation). C'est la reproduction sexuée ordinaire. En évolution, une situation analogue de fusion s'observe dans l'allopolyploïdie chez les plantes : une fraction d'une population s'hybride avec une autre, les chromosomes du premier lot s'ajoutant aux chromosomes du second, et il y a polyploïdisation simultanée (le nombre des chromosomes est doublé). La progéniture est dite « allopolyploïde » et est stérile avec les formes parentales, mais féconde en elle-même.

En réalité, les diagrammes de David Hull se prêteraient à être illustrés par de nombreux autres phénomènes différents, tant au niveau des organismes qu'à celui des espèces. L'important est de comprendre que toutes ces modalités de changement, fission, fusion, sont caractéristiques d'individus plutôt que de classes.

Dans une correspondance personnelle que nous avons eue avec David Hull, à une époque où nous n'arrivions pas à surmonter notre réticence devant l'abandon de toute interprétation des espèces comme des classes, Hull a répondu en substance ceci : oui, souvent, les espèces biologiques se laissent traiter comme des classes (par exemple nous distinguons sans peine tout être humain, si pathologique ou tératologique soit-il, de toute autre forme animale, et cela sans avoir besoin de connaître la généalogie des uns et des autres) ; mais d'un point de vue évolutif, la balance penche du côté de l'individualité des espèces. Hull, avec cet esprit si naturel au mode de penser empirique, caractéristique des auteurs anglais (et américains), mais si opaque aux Latins qui voudraient toujours des oppositions absolues, ajoutait : « au fond, les espèces sont-elles *plutôt* des classes ou *plutôt* des individus ? ». La question est bien celle-là : qu'est-ce qui est le plus cohérent avec les connaissances empiriques et théoriques dont nous disposons pour décrire l'évolution des espèces ?

Depuis maintenant une trentaine d'années, ces arguments de Hull ont assuré la solidité de la thèse de l'individualité des espèces biologiques. Ils n'ont pas emporté une adhésion unanime, et suscitent encore de fortes réticences, mais ils ont indéniablement fait de cette thèse un élément incontournable dans la littérature scientifique autant que philosophique sur le concept d'espèce.

Taxons monophylétiques

On doit au même David Hull et au paléontologue Niles Eldredge d'avoir étendu la thèse de l'individualité aux taxons monophylétiques. Ceux-ci, en effet, sont tout autant que les espèces des entités spatio-temporellement limitées. Leur cohésion est encore bien moindre que celle des espèces, et à vrai dire nulle d'un point de vue organisationnel. Les membres des taxons monophylétiques (c'est-à-dire des espèces ou des taxons plus inclusifs) se différencient et conquièrent des habitats écologiques et des lieux géographiques hétérogènes. On voit mal par exemple en quoi le taxon « Mammifère », qui contient des êtres aussi différents que les cétacés, les chauves-souris et les primates, aurait en tant que tel une organisation interne. Les Mammifères ont un commun des propriétés morphologiques et fonctionnelles, mais en tant qu'ils consti-tuent un collectif, ils ne sont pas organisés. Comme le dit Eldredge, la seule « colle » qui tient les taxons monophylétiques (comme d'ailleurs les espèces) est la généalogie. Les taxons monophylétiques n'en constituent pas moins des singularités historiques dont les liens internes sont tissés par leurs relations généalogiques, et, en conséquence, l'air de famille qu'ils partagent au regard de l'information génétique qu'ils véhiculent.

Niles Eldredge a développé cette idée en proposant de repenser la structure de la théorie de l'évolution sur la base d'une « ontologie contre-intuitive », inspirée des réflexions de David Hull sur les deux genres d'entités impliquées, selon lui, dans tout processus de sélection, les « réplications » et les « interacteurs » [1]. Selon Eldredge [2], les niveaux d'intégration

---

1. Dans la fameuse terminologie de D. Hull, elle-même conçue comme une réponse à la distinction de R. Dawkins entre « réplicateur » (typiquement : le gène) et « véhicule » (typiquement : l'organisme), tout processus de sélection naturelle exige un réplicateur (c'est-à-dire une entité capable de transmettre directement sa structure par réplication) et un interacteur (c'est-à-dire une entité capable d'interagir directement avec l'environnement de manière différentielle). En général, les rôles de réplicateur et d'interacteur sont distincts Mais ce n'est pas une nécessité. On peut imaginer par exemple qu'un gène, qui est typiquement un réplicateur, soit aussi un interacteur si son comportement a pour effet *direct* de lui donner un avantage différentiel (c'est le cas, par exemple, du « gène égoïste »). Voir D. Hull, « Units of Evolution : A Metaphysical Essay », art. cit., p. 23-44 ; R. Dawkins, *The Selfish Gene*, Oxford, Oxford UP, 1976.

2. N. Eldredge, *Unfinished Synthesis, op. cit.* Sur cette pensée hiérarchique en évolution, on pourra aussi consulter : S.N. Salthe, *Evolving Hierarchical Systems : Their Structure and Representation*, New York, Columbia UP, 1985 ; S.J. Gould, « Is a new and general theory of evolution emerging ? », *Paleobiology*, 6, 1980, p. 119-130 ; S.J. Gould, *The Structure of Evolutionary Theory, op. cit.* Discussion dans J. Gayon, « Critics and Criticisms of the Modern Synthesis : the Viewpoint of a Philosopher », *Evolutionary Biology*, 24, 1990, p. 1-49, et « Is a new and general theory of evolution emerging ? A philosophical appraisal of Stephen Jay Gould's evaluation of contemporary evolutionary theory », dans Wenceslaō J. Gonzalez (ed.), *Evolutionism : Present*

des entités biologiques doivent être représentés selon deux axes qui, en général, ne coïncident pas, un axe « écologique » (qu'il appelle aussi « économique ») et un axe « généalogique ». L'intégration d'une entité écologique repose sur des flux de matière et d'énergie. L'intégration d'une entité généalogique se représente en termes de flux d'information. Ainsi les protéines, les cellules, les organes, les organismes, les avatars (populations envisagées du point de vue de leur interaction avec l'environnement), les associations végétales ou animales, les biocénoses, les écosystèmes, sont-ils pour Eldredge des entités écologiques : ces niveaux d'intégration s'expriment dans des propriétés systémiques ou organisationnelles qui sont robustes relativement à l'environnement propre. Les gènes, les génomes cellulaires, les organismes, les dèmes (population envisagée du point de vue d'un patrimoine génétique), les espèces, les taxons monophylétiques, sont des entités généalogiques : leur rôle essentiel sur la scène évolutive est de constituer à diverses échelles des « paquets d'information » qu'ils véhiculent dans le temps grâce à leur faculté de faire des entités de même sorte (donc de « se reproduire »)[1].

Approaches, Netbiblo-Pittsburgh, A Coruña-University of Pittsburgh Press (sous presse).

   1. Eldredge préfère dire « reproduction » plutôt que « réplication ». À la différence de la réplication, qui consiste pour une entité à faire une copie d'elle-même, la reproduction consiste seulement à faire un être de la même sorte que soi. Par exemple, un organisme ne se réplique pas à proprement parler (sauf dans le cas d'une reproduction clonale), mais il se reproduit parce qu'il a la capacité d'engendrer un autre organisme. On notera que cette nuance permet à Eldredge d'inclure l'organisme dans les deux hiérarchies, écologique et généalogique, qu'il distingue. L'intérêt de ce concept est aussi évident dans le cas d'entités telles que les dèmes (populations mendéliennes), les espèces, les taxons monophylétiques, qui ne font pas à proprement parler de copies, mais se

Comme le dit Eldredge dans une langue imagée, la « colle » [*glue*] qui délimite les entités généalogiques et assure leur cohésion est l'empaquetage, à des formats et à des échelles variés, d'une certaine quantité d'information génétique. Un segment d'ADN codant véhicule une information extrêmement précise, un taxon monophylétique (par exemple l'ensemble des oiseaux) véhicule une quantité d'information beaucoup plus importante, mais empaquetée sous un format beaucoup plus diffus (les génomes variables d'innombrables organismes regroupés en de nombreuses espèces incluses elles-mêmes dans de nombreux taxons monophylétiques intermédiaires, et distribuées sur des habitats et des régions extrêmement variés). Cette forme d'intégration biologique verticale a une signification et une portée différentes de l'intégration horizontale, ou systémique, propre aux entités écologiques » : les protéines, les organes et les systèmes anatomo-physiologiques, les populations structurées, les communautés biotiques, les écosystèmes se laissent représenter comme des systèmes d'interactions causales, une organisation au sens le plus classique du terme. Les organismes sont à la croisée des deux axes : ce sont à la fois des entités qui ont une organisation et qui se reproduisent.

Ce sont ainsi deux hiérarchies de formes de l'individualité biologique qui se révèlent dans cette vision du « mobilier » de l'évolution. Les taxons monophylétiques et les espèces apparaissent alors comme des entités qui appartiennent exclusivement (ou quasi-exclusivement) à une seule des deux

---

« reproduisent » au sens où ces entités font d'autres entités de même sorte en se clivant ou en fusionnant au cours de l'évolution (scission ou fusion d'une population ou d'une espèce, scission de grands groupes taxinomiques).

hiérarchies d'individus qui occupent la scène évolutive, la hiérarchie généalogique.

Réserves

Ces réflexions ontologiques illustrent la vigueur des interactions entre la philosophie et la théorie de l'évolution contemporaine. Elles ne manquent ni de rigueur ni de charme, mais elles ont leurs limites. Le mot «ontologie» est ici entendu au sens que lui a attribué le philosophe Quine : une ontologie est le catalogue des entités dont il convient de postuler l'existence dans le cadre de telle ou telle théorie scientifique. Il convient donc d'évaluer les interprétations individualistes que nous avons examinées à la lumière des contextes scientifiques dans lesquels elles se déploient.

Commençons par l'espèce. Les biologistes, et tout particulièrement les évolutionnistes du XXe siècle, ont dépensé une énergie considérable pour construire une définition englobante de l'espèce, se démarquant d'ailleurs de l'attitude ouvertement nominaliste de Darwin, qui pensait qu'il n'y avait pas de définition objective et unifiée de l'espèce, et que la science ne pouvait dire quelque chose d'intéressant que de l'*origine* des espèces[1]. On doit aujourd'hui se rendre à l'évidence : ils ont échoué. Le nombre de définitions n'a cessé de croître – plus de vingt aujourd'hui – chacune étant utilisée dans un contexte opérationnel défini. Comme le dit justement le philosophe Thomas Reydon[2], le terme d'espèce est aujourd'hui *de*

1. C. Darwin, *On the Origin of Species*, London, Murray, 1859, p. 484-485.
2. T. Reydon, «Generalizations and kinds in natural science : the case of species», *History and Philosophy of the biological and the biomedical sciences*, 37, 2006, p. 230-255 ; «On the nature of the species problem and the

facto, homonyme : les concepts qu'il recouvre sont légitimes dans leurs contextes théoriques propres et ne coïncident que très imparfaitement. Reydon répartit les concepts contemporains de l'espèce biologique en quatre catégories, que nous résumons succinctement dans le tableau ci-dessous :

Concepts d'entités	Dynamiques	1) Systèmes de populations synchroniques participant comme des touts aux processus évolutifs → « *Evolveron* » Ex. : le concept biologique de l'espèce
	Statiques	2) Segments diachroniques de l'arbre de la vie → « *Phylon* » Ex. : le concept cladistique de l'espèce
Concepts de classes	Classes d'organismes	3) Classes d'organismes partageant des propriétés similaires » → « *Classe d'organismes* » Ex. : le concept morphologique de l'espèce
	Classes d'entités évolutives	4) Classes d'evolverons jouant le même rôle dans la dynamique de l'espèce → « *Classe d'evolverons* » Ex. : le concept écologique de l'espèce

Comme le souligne Reydon, dans cette typologie des concepts scientifiques de l'espèce biologique, seules les deux premières catégories se prêtent à une ontologie individualiste (*evolveron*, *phylon*). Reydon fait à cet égard deux remarques :

1) Ce n'est que dans certains contextes de recherche qu'une ontologie individualiste s'impose, ceux où les espèces

four meanings of "species" », *History and Philosophy of the biological and the biomedical sciences*, 36, 2005, p. 135-158.

sont traitées comme des unités d'évolution. Or le concept d'espèce a bien d'autres usages dans la théorie biologique.

2) Dans ce cadre évolutionniste même, les concepts d'individu qui sont mobilisés sont différents. Dans le cas (1) (*evolveron*), l'expression « unité d'évolution » est comprise sur arrière-fond de *processus* : l'espèce est vue comme une chose qui prend part au processus évolutif. Par exemple, on soulignera que les barrières reproductives ou les systèmes de reconnaissance des partenaires sexuels jouent un rôle actif dans la cohésion généalogique *présente* de l'espèce. Dans le cas (2) (*phylon*), l'espèce est en revanche vue comme un produit passif du (des) processus évolutif(s) : c'est un segment de l'arbre évolutif. Or c'est cela précisément que Ghiselin ou Hull appellent une « entité spatio-temporellement limitée » (ou « entité historique »). La comparaison entre l'organisme et l'espèce comme lignée est en l'occurrence trompeuse. Un organisme est vivant de sa naissance à sa mort, tandis qu'une lignée n'a pas d'identité temporelle comparable, car elle n'est vivante que par la frange des organismes qui la perpétuent à l'instant t[1]. En réalité, l'entité spatio-temporelle limitée dont parle Hull se laisse bien construire comme une classe : c'est la

---

1. C'est pourquoi Darwin a parfois dit que l'image de l'arbre était maladroite pour représenter la grande geste de la « descendance avec modification » des espèces. L'image du corail, a précisé Darwin, serait préférable. En effet, dans un arbre réel, toutes les parties sont vivantes. Dans un récif corallien, seule la partie proche de la surface de la mer est vivante : les centaines ou milliers de mètres sur lesquels repose cette frange ne sont faits que de l'entassement de débris morts et pétrifiés – ce sont des traces fossiles (« The tree of life should perhaps be called the coral of life, base of branches dead », C. Darwin, *Notebook B : Transmutation of species*, 1837-1838, p. 25).

classe des organismes liés par une relation de reproduction et de filiation sur un segment de l'arbre phylogénétique.

Ces remarques sur la catégorie d'espèce se laissent transposer au cas des taxons monophylétiques. Nous voyons en effet sans difficulté qu'il n'est guère envisageable de concevoir les taxons monophylétiques comme des *evolverons*. Au-dessus du niveau de l'espèce, les taxons monophylétiques ne semblent en effet guère participer aux processus évolutifs de manière synchronique. En quoi par exemple l'ensemble de *tous* les hominoïdés (orangs-outans, gorilles, chimpanzés, bonobos, hommes) participe-t-il comme un tout au processus évolutif? Quels seraient les mécanismes (physiologiques? écologiques?) qui leur conféreraient un rôle en tant que communauté *présente* d'organismes? Ne reste donc que la version statique des concepts évolutionnistes de l'espèce (première grande accolade de Reydon) qui puisse raisonnablement être transposée aux taxons monophylétiques : la trace laissée par les membres du taxon sur l'arbre de la vie. L'individualité des taxons monophylétiques paraît donc assez superficielle : plus que d'individus, il s'agit de classes emboîtées, éternelles car appartenant irrémédiablement au passé. Rien n'empêchera cependant de reconnaître dans ces classes d'organismes liés par la filiation (sens 2 dans le tableau de Reydon) des propriétés fonctionnelles partagées qui leur confèrent en masse un rôle sur le théâtre écologique (sens 3). On pourrait dire par exemple que l'ensemble constitué par « les plantes » (si c'est un taxon monophylétique...) joue un rôle essentiel dans la composition de l'atmosphère terrestre (absorption du CO_2 et rejet d'oxygène). Toutefois même cet exemple spectaculaire nous laisse sur la réserve. Toutes les plantes ne sont pas capables de photosynthèse, et la photosynthèse est aussi massivement accomplie par des organismes qui ne sont pas des plantes (bactéries photosynthétiques). Le groupe des organismes photosynthétiques n'est pas un taxon monophylétique, mais un groupe paraphylétique ou, pire peut-être, un groupe polyphylétique (voir la première section de ce chapitre). À ce point, le lecteur trouvera peut-être que nous nous engageons sur un terrain trop technique, où le sol philosophique se dérobe. Ce n'est pas le cas. Nous avons seulement voulu indiquer à quel point la part « ontologique » des théories scientifiques, et notamment biologiques, est une affaire trop complexe pour être laissée à des intuitions philosophiques sommaires.

Nous ne voulons pas, enfin, quitter notre sujet sans évoquer l'espèce humaine. Nous avons dit plus haut que les espèces étaient des entités exclusivement « généalogiques », et non des entités « écologiques ». Autrement dit, les espèces biologiques, en règle générale, n'ont pas d'organisation propre (*qua* espèces)[1], car leurs parties n'interagissent pas synchroniquement dans l'espace qu'elles occupent (sauf, cas extrême, dans le cas d'espèces en voie d'extinction, réduites à une petite population locale). Toutefois, ceci est de plus en plus démenti dans le cas d'au moins une espèce (et une seule, à notre connaissance) – l'espèce humaine. Espèce cosmopolite et planétaire, l'espèce humaine est sans doute aujourd'hui, et sera selon toute vraisemblance de plus en plus dans l'avenir, une espèce dont l'intégration est écologique et pas seulement généalogique. Virtuellement, les membres de cette espèce

1. Ce qui a une organisation, ce sont les corps des membres d'une espèce. Le corps humain a des caractères anatomiques et fonctionnels qui le distinguent de tout autre. Mais on voit que si l'on s'appuie sur une telle considération pour dire que « l'espèce humaine » a telle ou telle organisation, on utilise *ipso facto* une ontologie de classe (sens [3] dans la typologie de Reydon).

influencent de manière quasi instantanée, et sous des formes de plus en plus organisées, partie ou totalité des autres membres de l'espèce. L'espèce humaine est et sera de plus en plus un ensemble dont les parties interagissent de manière quasi instantanée, et dont le destin possible et souhaitable est de s'organiser.

Jean GAYON

INDIVIDU, PERSONNE
ET IDENTITÉ PERSONNELLE

Dans le langage ordinaire, les termes de personne et d'individu sont généralement équivalents. La raison en est que, communément, par un individu, on entend implicitement (et sans doute par anthropomorphisme) un individu *humain*. Dès lors, la personne apparaît d'emblée comme un certain type d'individu[1], à savoir un organisme biologique individuel, qui lui-même relève d'une certaine espèce biologique[2]. Or, du fait que l'espèce humaine semble se distinguer des autres espèces animales par certaines capacités cognitives, une personne désigne communément un individu humain, conscient de lui-même et doué de raison.

Néanmoins, l'équivalence entre « personne » et « individu humain » comporte de sérieuses limites en sorte qu'elle s'avère incomplète comme définition *réelle*[3] de la personne.

---

1. Nous entendons ici par individu un étant qui possède un certain *mode d'être*, c'est-à-dire une individualité, et qui est donc doté d'une certaine unicité et d'une certaine identité. Voir la contribution de S. Chauvier, p. 11-35.

2. Voir la contribution de Th. Pradeu, p. 97-125.

3. La définition réelle a pour objectif de rendre compte d'une essence. Par opposition, la définition nominale consiste seulement à donner la signification d'un concept afin de pouvoir faire usage du mot qui y réfère.

En effet, si, *de facto*, les individus que l'on classe dans la catégorie «personne» sont tous des êtres humains, il ne s'ensuit pas nécessairement i) qu'il n'existe pas d'individus non humains qui puissent être, de droit, des personnes; tout comme cela n'implique en aucune façon ii) que, *a priori*, *tous* les individus humains sont des personnes [1].

Le cas de figure (i) est largement invoqué par la science-fiction et les expériences de pensée qui imaginent que des intelligences *artificielles* (notamment, des «robots») pourraient devenir des personnes à part entière. La question pourrait fort bien se poser également pour les individus biologiques d'une espèce proche de l'espèce humaine, comme certaines espèces de primates par exemple.

Quant au cas de figure (ii), il trouve notamment une illustration au sein de notre système juridique qui s'applique à distinguer entre la capacité de jouissance et la capacité d'exercice de la personnalité physique. Au sens du droit français, en effet, chaque être humain, dès sa naissance et jusqu'à sa mort, est considéré comme une *personne juridique*, c'est-à-dire qu'il est titulaire de droits et d'obligations envers d'autres personnes et la société en général (on dit alors qu'il est «sujet» de droit). Dès lors, tout être humain peut jouir de ces droits (sauf dans certains cas exceptionnels où il peut être privé de la jouissance d'un droit bien spécifique). Pour autant, ce n'est pas parce qu'il peut en jouir qu'il est capable de les exercer car cet exercice requiert une maturité d'esprit et des capacités rationnelles que tous les êtres humains ne possèdent pas nécessairement à toutes les périodes de leur vie. C'est pourquoi les

---

1. Dire cela n'implique pas que cette thèse soit insoutenable. Voir D. Wiggins, *Sameness and Substance*, *op. cit.*

enfants (c'est-à-dire, de façon générale, les « mineurs ») et les individus souffrant de certains troubles psychiatriques ou physiques (les individus dans le coma par exemple) en sont dépourvus. Cette distinction laisse à penser que ce qui définit la personne pleinement accomplie (c'est-à-dire la personne *stricto sensu*), cela n'est pas tant son appartenance à l'espèce humaine que sa capacité à être responsable – sur les plans moral et juridique – de ses actes[1], capacité qui est considérée comme l'apanage de l'espèce humaine mais qui pourrait éventuellement émerger chez d'autres types d'êtres.

Il s'avère que ces exemples soulèvent en fait un problème d'ordre à la fois épistémique (c'est-à-dire qui concerne notre connaissance des choses) et ontologique (qui concerne l'être même des choses). D'un point de vue épistémique, on pourrait le résumer ainsi : quels sont les critères qui nous permettent d'identifier une personne ? D'un point de vue ontologique, il s'agit de se demander de quel type d'individualité relève la personne au sens strict du terme, autrement dit, quelles sont les conditions nécessaires et suffisantes qui font d'un individu une personne. Précisons que ces deux questions peuvent recevoir une réponse commune si les critères épistémiques sont également des critères ontologiques, c'est-à-dire des conditions *nécessaires et suffisantes* qui permettent de définir une personne.

En outre, dès lors que l'on prend en compte la dimension temporelle des personnes, la question de l'identité personnelle au fil du temps double le problème précédemment mis en évidence. Si l'on convient que les concepts de personne et d'être humain ne sont pas synonymes (bien qu'ils puissent

1. Voir P. Ricœur, *Soi-même comme un autre*, Paris, Seuil, 1990, p. 199 *sq.*

être, *a posteriori*, coréférentiels), il apparaît clairement que l'identité personnelle ne se réduit pas nécessairement à l'identité individuelle biologique. Il convient donc de se demander quels sont les critères qui nous permettent non seulement d'identifier mais également de ré-identifier une personne comme la même à des moments différents. Cette question conduit inévitablement au problème ontologique sous-jacent : qu'est-ce qui maintient l'identité (pour autant qu'il y a effectivement identité) de l'individu que l'on identifie comme la même personne à travers le temps ?

Cet ensemble de questions constitue le problème général de l'identité personnelle. Comme on vient de l'indiquer, plusieurs questions s'y superposent. Si l'on veut tenter d'apporter des éléments de réponse, il convient donc au préalable d'en clarifier les termes afin d'articuler les différents aspects dudit problème et de dissiper certaines équivoques.

DISSECTION DU PROBLÈME
DE L'IDENTITÉ PERSONNELLE

Notons de prime abord qu'il existe deux manières de considérer la notion de personne. La première renvoie à son identité spécifique ou « sortale »[1]. En ce sens, « personne » définit une certaine *sorte* d'individus concrets. Ces derniers sont des personnes dans un second sens du terme, c'est-à-dire des individus existants, distincts numériquement les uns des autres, bien qu'ils partagent la même identité spécifique.

---

1. Sur la notion de « concept sortal », voir P. Strawson, *Les Individus*, *op. cit.*, p. 189. Sur la notion d'identité sortale, voir D. Wiggins, *Sameness and Substance*, *op. cit.*

Définir ce qu'est une personne dans le premier sens évoqué revient donc à délimiter un certain complexe de propriétés essentielles, commun à tous les individus particuliers qui appartiennent (en puissance) à la sorte « personne », et à montrer en quoi celle-ci se distingue d'autres sortes, par exemple de celle d'individu humain. Autrement dit, il s'agit de définir l'*intension* ou la *compréhension*[1] du concept sortal de personne.

En revanche, définir l'identité d'une personne dans le second sens, c'est-à-dire en tant qu'un individu concret qui appartient à la sorte « personne », suppose à la fois de définir son identité à un certain moment du temps (on peut alors parler d'identité synchronique), et de définir son identité en tenant compte cette fois de sa dimension temporelle (appelons-là identité diachronique[2]). Dans le cas de l'identité synchronique, il s'agit de se demander ce qui fait l'unité et l'unicité d'une personne, ce qui la distingue à tel moment d'autres personnes (ce qui distingue la personne Socrate de la personne Platon par exemple). Dans le cas de l'identité diachronique, la question est de savoir ce qui fait qu'une personne perdure dans le temps, c'est-à-dire qu'elle demeure identique à elle-même à différents moments du temps, bien qu'elle soit soumise au changement. Qu'est-ce qui permet d'affirmer, par exemple, que le Platon, auteur des *Lois*, est la même personne que le jeune Platon qui écrivait des vers lyriques ?

Une définition de la personne qui articulerait ces différents niveaux d'analyse ouvrirait sans doute une voie vers la réso-

---

1. L'*intension* d'une classe désigne l'ensemble des prédicats ou des critères qui la définissent tandis que son *extension* consiste dans le dénombrement de tous les particuliers qui la composent.

2. Ricœur la dénomme « ipséité ». Voir *Soi-même comme un autre*, *op. cit.*

lution du problème de l'identité personnelle; mais une telle définition existe-t-elle?

PERSONNE ET CONSCIENCE DE SOI

Il existe une célèbre définition de la personne en philosophie qui, au premier abord, semble remplir ces conditions. On la doit à John Locke qui, dans son *Essai sur l'entendement humain*, explique qu'une personne est:

> [...] un Être pensant et intelligent, capable de raison et de réflexion, et qui se peut consulter soi-même comme le même, comme une même chose qui pense en différents temps et en différents lieux. [...] Et aussi loin que cette conscience peut s'étendre sur les actions ou les pensées déjà passées, aussi loin s'étend l'identité de cette personne : le soi est présentement le même qu'il était alors : et cette action passée a été faite par le même soi que celui qui se la remet à présent dans l'esprit [1].

L'avantage de cette définition est qu'elle est exhaustive, dans le sens où elle renvoie aussi bien à l'identité spécifique de la personne, qu'à son identité synchronique et diachronique.

John Locke prend soin, en effet, dans les paragraphes qui précèdent le passage cité, de distinguer entre l'identité des choses inertes, l'identité des organismes biologiques [2], parmi lesquels on compte l'individu humain, et l'identité des

---

1. J. Locke, *Essai philosophique concernant l'entendement humain*, *op. cit.*, II, XXVII, § 9, p. 264.
2. *Ibid.*, § 6, p. 261. Il s'agit d'une expression de la définition de l'identité en tant que «genidentité», selon laquelle un individu n'est qu'une continuité spatiotemporelle d'interactions. Voir également H. Reichenbach, *The Philosophy of Space and Time*, *op. cit.*, § 21.

personnes (ou identité personnelle). L'originalité de l'analyse lockéenne tient à ce qu'elle souligne l'indépendance entre l'identité de l'homme et l'identité de la personne. En refusant cette confusion, Locke est ainsi en mesure de proposer une définition spécifique de la personne. Tandis que l'identité de l'homme dépend de l'identité de son organisme biologique, l'identité de la personne est tributaire d'un critère d'ordre psychologique, à savoir *la conscience de soi*. La conscience de soi, c'est-à-dire la conscience réflexive, est également ce qui permet de mettre en avant l'unicité et l'individualité de chaque personne, c'est-à-dire de la différencier des autres (identité synchronique). En effet, c'est grâce à elle, selon le philosophe britannique, que chaque personne « se distingue de toute autre chose pensante » et « qu'un Être raisonnable est toujours le même ». Enfin, c'est la *mémoire*, considérée par Locke comme une extension temporelle de la conscience de soi, qui est supposée garantir son identité au fil du temps (identité diachronique).

Les qualités de la définition lockéenne font qu'elle a toujours une grande influence sur de nombreuses études contemporaines de l'identité personnelle. Elle est au fondement de ce qu'on appelle communément *l'approche psychologique*. Néanmoins, un certain nombre de difficultés découlent des implications de cette définition.

EXAMEN CRITIQUE DE L'APPROCHE PSYCHOLOGIQUE DE L'IDENTITÉ PERSONNELLE

L'oubli et l'inconscience

Les détracteurs de la théorie lockéenne de l'identité ont rapidement souligné son caractère contre-intuitif en montrant que des phénomènes aussi triviaux que le sommeil et l'oubli mettraient un terme à l'identité d'une personne.

En effet, si l'on suit à la lettre la définition proposée par le philosophe britannique, lorsque Socrate dort, il n'est plus la même personne que Socrate lorsqu'il est éveillé; soûl, il n'est pas la même personne que lorsqu'il n'est pas sous l'emprise de l'alcool. Locke assume ces conclusions et réfute ces objections en précisant que dans les deux cas, on parle bien du même homme mais pas de la même personne. Pour être plus précis, il faudrait même dire que lorsque Socrate est inconscient, il n'est pas une personne du tout mais il se réduit à son individualité biologique.

Si le problème de l'inconscience semble plus un problème de mots qu'une contradiction logique, il en va autrement de l'oubli. C'est pourquoi les attaques contre la définition lockéenne de l'identité personnelle se concentrent principalement sur sa théorie mémorielle. Selon cette théorie, si Socrate (appelons-le Socrate A) a oublié qu'il y a deux semaines il s'est rendu au banquet donné par Agathon, alors il n'est pas la même personne que le Socrate (Socrate B) qui a effectivement assisté au banquet en question. Mais supposons que quelques jours plus tard, cet événement revienne à la mémoire de Socrate (Socrate C): que penser[1]? Selon la théorie de Locke, on obtient donc: C = B; C = A mais A ≠ B. Ce qui semble aller à l'encontre de la loi de transitivité qui régit la logique de l'identité, et selon laquelle si y = x et si x = z, alors y = z.

---

1. Voir également T. Reid, *Essais sur les facultés de l'esprit humain*, dans *Œuvres Complètes de Thomas Reid, chef de l'École écossaise*, t. IV, éd. et trad. fr. M.Th. Jouffroy, Paris, V. Masson, 1836, p. 85.

Néanmoins, loin de réfuter la définition lockéenne en son ensemble, l'aporie mise en évidence par ce type d'exemples semble bien plutôt révéler la sous-détermination du concept de mémoire qui est employé par Locke. Ce dernier l'assimile à la faculté de se souvenir (ce que les psychologues cognitifs appellent mémoire épisodique) sans prendre en compte les limitations naturelles de la mémoire humaine. Or, de fait, aucun être humain n'est capable de se souvenir de *tous* les épisodes de sa vie consciente, et aucun être humain ne pourrait donc, *a priori*, avoir la continuité psychologique requise pour pouvoir être la même personne, et ce même sur des séquences temporelles relativement courtes. Il semble donc que pour être un véritable obstacle à la continuité psychologique, l'oubli devrait être d'une part définitif[1] et d'autre part l'oubli d'époques de vie plutôt que celui d'un événement autobiographique bien spécifique, comme l'était l'épisode du banquet pour Socrate. On peut ainsi admettre qu'il n'est nullement requis de se souvenir de *tous* les épisodes de vie passés mais qu'il suffit d'avoir certains souvenirs d'une époque de vie pour être considéré comme la même personne qu'à cette époque.

Bien que l'oubli et l'inconscience soient source de difficultés et invitent à reformuler la théorie lockéenne ou à en modifier certains aspects, ils ne conduisent pas à rejeter l'approche psychologique de l'identité personnelle. Pour qu'elle soit réfutée, il faudrait montrer par exemple que la mémoire ne peut en aucun cas constituer un critère de l'identité personnelle. Il ne s'agit donc plus de faire valoir des limites

---

1. Voir J. Locke, *Essai philosophique concernant l'entendement humain*, *op. cit.*, II, XXVII, § 20, p. 271.

au critère mémoriel mais de rejeter purement et simplement un tel critère. C'est cette position que nous allons à présent examiner.

La mémoire, pseudo critère de l'identité personnelle

La première raison qui peut conduire à rejeter la mémoire comme critère de l'identité a des bases empiriques. Les connaissances actuelles en sciences cognitives sur le fonctionnement de la mémoire dont il est question ici (c'est-à-dire cette mémoire à long terme dénommée mémoire épisodique) mettent en évidence que le système mémoriel n'est pas l'analogue biologique d'un appareil enregistreur. Les informations extraites de l'expérience et conservées par la mémoire ne sont point des entités biologiques ou psycho-chimiques bien définies qui seraient stockées dans une partie de notre cerveau. La mémoire à long terme comprend notamment trois processus actifs : l'encodage, le stockage et la récupération. Le processus d'encodage permet de traiter et d'élaborer l'information pour en fabriquer un vrai souvenir. Quant au stockage, il ne consiste pas en une mise en réserve de l'information telle quelle, mais prend en charge la consolidation de cette information par l'activation répétée de certaines connexions nerveuses entre diverses structures cérébrales impliquées dans la mémorisation. Le stockage est en outre tributaire d'une « reconstruction » des souvenirs anciens à la lumière des souvenirs récents qui y ressemblent. De ce point de vue, les souvenirs anciens sont nécessairement déformés par les nouveaux souvenirs. Enfin, la récupération ou le rappel de l'information stockée repose également sur un mécanisme dynamique de reconstruction. Du coup, non seulement le rappel d'une expérience n'est jamais la reproduction à l'identique de l'expérience elle-même, mais tel rappel n'est jamais identique à un autre rappel de la même expérience. Cela explique notamment pourquoi les souvenirs sont souvent corrompus ou déformés par des informations reçues *après* un événement, que ce soit par le biais de suggestions ou de faits intégrés de façon non consciente dans le souvenir original. C'est ainsi que peuvent se former des faux souvenirs. Un faux souvenir est un état mental qui possède la même charge émotionnelle qu'un souvenir « réel », alors qu'il ne renvoie à aucune expérience effectivement vécue dans le passé. Soit il procède d'un vrai souvenir qui se trouve déformé par des images qui n'ont rien à voir avec le souvenir, mais qui se mélangent à lui à notre insu ; soit il est une pure illusion, l'expérience en question n'ayant jamais eu lieu. Dans ce dernier cas, il provient d'une erreur sur l'aspect qualitatif de l'état mental : on confond le rêve, ou une intuition de ce qui a pu arriver, ou encore une information factuelle, avec un souvenir. Ainsi semble-t-il fort délicat de soutenir que le fait de se souvenir d'une expérience passée constituerait une *preuve* de l'identité entre « moi » qui me souviens et le « moi » passé, sujet de l'expérience censée être rappelée dans le souvenir.

Outre cette raison empirique, il existe une raison logique qui réfute l'approche psychologique en en démontrant *a priori* la circularité[1]. L'argument du faux souvenir n'y est pas convoqué, de sorte que l'interprétation de la théorie lockéenne prise pour cible peut être résumée de la façon suivante :

---

1. Le premier à formuler cette objection est J. Butler, « Of Personal Identity », dans *The Analogy of Religion*, London, Knapton, 1736, rééd. dans J. Perry (ed.), *Personal Identity*, Berkeley-Los Angeles-London, University of California Press, 2003, p. 99-105. Voir également dans le même ouvrage : J. Perry, « Personal Identity », p. 135-155.

i) Une expérience ou un épisode mental présent appartient à une personne A pour autant que A est capable d'en avoir une conscience réflexive ;

ii) A est la même personne que B si et seulement si A peut se souvenir d'avoir eu une expérience ou un état mental de B ;

iii) B a effectivement vécu cette expérience ou cet état mental (autrement dit : A n'a pas seulement l'illusion de se souvenir).

L'argument consiste à montrer que l'identité personnelle entre A et B est déjà présupposée dans les prémisses. L'idée est que A ne peut avoir un vrai souvenir d'une expérience que s'il l'a effectivement vécue dans le passé. Ce n'est donc pas parce qu'il se souvient en première personne d'une expérience passée qu'il est la même personne que le sujet de cette expérience, mais c'est parce qu'il est la même personne que celle ayant vécu l'expérience qu'il peut s'en souvenir. De ce point de vue, la relation logique entre les termes est inversée, c'est l'identité personnelle qui semble servir de critère au « vrai » souvenir.

Le cercle logique peut cependant être cassé si l'on suggère que l'identité présupposée entre le pronom personnel « je » qui apparaît dans la proposition principale (« *Je* me souviens… ») et celui de la complétive (« …que *j*'ai vécu tel expérience »), repose peut-être sur une croyance entretenue par une confusion langagière. C'est ce que soutient notamment Derek Parfit[1] lorsque, dans de tels cas, il soupçonne le même sujet grammatical de dissimuler plusieurs personnes. Afin d'éviter la confusion et le diallèle qui en résulte, il propose de substituer au concept de souvenir (qui présuppose l'identité) un

---

1. D. Parfit, « Personal Identity », dans J. Perry (ed.), *Personal Identity*, *op. cit.*, p. 199 *sq.*

concept plus faible, celui de *quasi-souvenir* (ou *q*-souvenir).
Dès lors, je me *q*-souviens ou me *q*-rappelle une expérience, si :

    i) Je possède une croyance au sujet d'une expérience passée qui
    ressemble par elle-même à un souvenir ;
    ii) *Quelqu'un* a réellement fait une telle expérience ;
    iii) Ma croyance dépend de cette expérience de la même façon
    que le souvenir d'une expérience en dépend.

La deuxième condition énoncée indique que Parfit
distingue explicitement entre le *q*-souvenir et le faux souvenir.
En revanche, il n'y a pas de critère subjectif permettant de
distinguer le *q*-souvenir et le souvenir : quand je me *q*-souviens,
j'ai bien l'impression de me souvenir. Or, si j'ai seulement
l'impression (ou la croyance) de me souvenir, cela ne signifie
pas nécessairement que je suis la même personne que celle qui
a vécu l'expérience dans le passé. Tout ce que je peux dire
quand je me *q*-souviens, c'est que quelqu'un, peut-être moi, a
vécu telle expérience. Le souvenir qui suppose l'identité entre
la personne qui se souvient et celle qui a vécu l'expérience
n'est donc qu'une sous-classe particulière du *q*-souvenir. À
l'inverse, souligne Parfit, le *q*-souvenir n'implique pas l'identité entre ces deux personnes. Au mieux, il est le signe d'une
certaine continuité psychologique entre elles. Néanmoins
cette continuité ne suffit pas à établir l'unité et l'unicité d'un
soi ou d'une personne dans la mesure où l'on pourrait envisager qu'une succession de soi(s) suffit à l'entretenir. En ce
sens, la notion de *q*-souvenir, si elle permet de contourner
l'objection de circularité, n'apporte pas pour autant une
réponse au problème de l'identité personnelle. La mémoire
ne paraît donc pas être un candidat satisfaisant comme critère
de l'identité personnelle.

Force est de constater qu'il ne semble pas exister de critères psychologiques fiables capables de confirmer l'approche psychologique de l'identité personnelle. On pourrait néanmoins se demander si celle-ci ne pourrait pas être assurée par des critères d'ordre matériel, par exemple physiologiques.

Le critère cérébral

Il n'y a pas vraiment lieu d'opposer les critères physiologiques et les critères psychologiques de l'identité personnelle comme garants de deux approches concurrentes de l'identité personnelle[1]. En effet, il est possible de supposer que l'unité psychologique de la personne est sous-tendue par une unité matérielle. Dans le cas d'une personne humaine ou, plus largement, animale, cette unité serait ainsi d'ordre physiologique ou biologique ; dans le cas fictionnel d'une intelligence artificielle que l'on reconnaîtrait comme une personne, elle pourrait tout aussi bien être, par exemple, un système informatique. Dans la mesure où seule l'existence empirique des personnes humaines est avérée, nous proposons de raisonner à partir de celles-ci. Ainsi, selon le point de vue naturaliste[2], la continuité et l'unité psychologiques de la personne humaine doivent nécessairement être le corrélat de la continuité et de l'unité d'un complexe biologique. Or, c'est le

1. On oppose couramment l'approche psychologique et l'approche somatique selon laquelle l'identité personnelle n'est autre qu'une identité corporelle. Toutefois, un critère corporel, tel le critère cérébral, peut très bien être utilisé pour défendre l'approche psychologique de l'identité personnelle.

2. Nous ne souhaitons pas ici prendre part aux débats inhérents au point de vue naturaliste, car ils constituent un problème à part entière. Nous nous contenterons donc de parler de « corrélation » entre les phénomènes mentaux et les phénomènes cérébraux.

cerveau qui apparaît de prime abord comme l'unité essentielle dans la mesure où il semble le seul complexe indispensable aux fonctions cognitives et donc à la vie psychologique d'une personne. En effet, on conviendra assez aisément que l'amputation de parties de mon corps ne remet pas en question mon identité personnelle, pas plus que le remplacement de la plupart de mes organes (par une greffe d'autres organes ou par la pose de prothèses artificielles par exemple). En revanche, il est bien plus difficile de penser que le remplacement de mon cerveau n'ait pas d'impact sur mon identité personnelle. En d'autres termes, le cerveau apparaît comme la limite corporelle ultime. Ainsi, selon les partisans de cette thèse, si le corps est une condition nécessaire de la personne humaine (car il garantit sa survie), seul un cerveau permettant une conscience de soi en serait une condition nécessaire *et suffisante*. Cela conduit nombre de philosophes à réduire la personne au cerveau, c'est-à-dire à faire du cerveau le critère de l'identité personnelle, de telle sorte que A serait la même personne que B si et seulement si A possède le même cerveau fonctionnel c que B et si c n'a subi aucune lésion physiologique ou ne souffre d'aucune pathologie.

Cette conception implique une conséquence qui est mise en évidence par des expériences de pensée [1] mettant en scène des transplantations cérébrales. Le postulat est le suivant : si l'on accepte le critère cérébral de l'identité personnelle, il faut admettre que l'identité de la personne « suit » le cerveau. Du coup, si l'on transplante le cerveau d'un individu humain A

1. Voir, par exemple, S. Shoemaker, *Self-Knowledge and Self-Identity*, Ithaca, New York, Cornell UP, 1963, p. 22 ; D. Wiggins, *Identity and Spatio-Temporal Continuity*, Oxford, Basil Blackwell, 1967, p. 5 ; D. Parfit, « Personal Identity », art. cit., p. 200.

dans le corps décérébré d'un autre individu humain B, alors la personne qui coïncidait avec A avant la transplantation est la même que celle qui coïncide avec B après la transplantation. Allons plus loin et postulons que la conscience de soi peut être préservée grâce à un seul hémisphère cérébral (c_1 ou c_2 indifféremment). Imaginons à présent que dans le cerveau c de A se développe une tumeur de sorte que l'on doive ôter l'ensemble d'un hémisphère – c_1 – pour préserver la survie cognitive de A. Pour autant que la conscience de soi de A est préservée grâce à l'autre hémisphère – c_2 – on en conclura que la personne dotée de c est la même que celle dotée de c_2 après l'opération. Imaginons maintenant que c_1 et c_2 soient tous deux fonctionnels, que l'on l'ôte c_1 de A et qu'on le greffe dans le corps décérébré de B. Il faut en conclure que la personne initiale dotée de c_1 et de c_2 est la même personne que celle dotée uniquement de c_2 après l'opération, mais aussi la même personne que celle doté de c_1 après la greffe. Autrement dit, *simultanément*, la personne coïncidant avec A et c_2 serait la même personne que celle coïncidant avec B et c_1. C'est ce que le philosophe Derek Parfit dénommerait un exemple de fission de l'identité personnelle. Or la possibilité même d'une fission fait entrer en conflit les composantes qualitative et numérique de l'identité personnelle. Rappelons en effet que déterminer l'identité d'une personne revient à déterminer quelle sorte d'individu elle est (identité sortale), ce qui la distingue des autres individus de la même sorte – c'est-à-dire son unicité, et ce qui fait que cette unicité perdure dans le temps. Or, l'unicité d'une personne semble aussi bien correspondre à son identité qualitative (ce qui la distingue de toutes les autres personnes et qui la rend unique en tant que personne) qu'à son identité numérique, c'est-à-dire ce qui fait qu'elle est *une*. Il semble ainsi quelque peu contradictoire de concevoir une identité personnelle sans identité numérique.

Parfit assume parfaitement cette conclusion et déduit des apories auxquelles mène le critère cérébral de l'identité personnelle – seul critère valable de l'approche psychologique, que la notion d'identité personnelle elle-même n'a pas de sens [1].

REMISE EN CAUSE DE L'IDENTITÉ PERSONNELLE

Le problème de l'unité de la personne

Selon Parfit, la notion d'identité personnelle que nous avons décrite n'est qu'une illusion d'ordre ontologique, entretenue par la croyance en l'existence séparée d'un noyau de permanence [2]. C'est de la croyance en ce noyau de permanence que découlerait l'idée d'une réelle unité spatiotemporelle de la personne. Et penser une telle unité, c'est du même coup penser que la question de l'identité personnelle appelle nécessairement une réponse tranchée : soit je suis la même personne (le même *moi*), soit ce n'est plus *moi* du tout. Or, aux yeux de Parfit, ce postulat est totalement infondé. À la place, le philosophe propose une théorie fondée sur le concept d'*identité graduelle*. Il s'agit dès lors de raisonner en termes de « continuité » et de « connexion » psychologiques [3] plutôt qu'en termes d'identité au sens strict du terme. La continuité psychologique indique une continuité indirecte ou médiatisée. Pour en rendre

---

1. D. Parfit, « Personal Identity », art. cit., p. 199-200.
2. *Ibid.*, p. 210. À cet égard, Parfit se fait l'héritier du scepticisme de Hume. Voir D. Hume, *Traité de la nature humaine, op. cit.*, Livre I, part. IV, section 6.
3. D. Parfit, « Personal Identity », art. cit., p. 213-214.

compte, Parfit prend le cas fictionnel d'êtres pourvus de raison qui se diviseraient, à l'instar des organismes unicellulaires. Quant à la connexion psychologique, elle signifie une relation directe ou immédiate, à l'image de celle qui anime la vie psychologique d'un individu humain. En effet, puisque la vie d'un être humain est linéaire, on pourra dire qu'il y a connexion entre des états psychologiques très proches. En ce sens, l'identité personnelle n'est plus qu'une affaire de degrés. Le plus haut degré de cette connexion semble représenté par le pronom « je ». Quand les connexions sont réduites, c'est-à-dire quand un changement perceptible de personnalité, de style de vie s'est produit, ou lorsqu'on n'a plus de souvenirs d'une tranche de vie passée, on est en droit de dire que ce n'est pas soi mais *un* soi précédent qui a accompli telle action. Les états éloignés dans le passé ou dans le futur sont alors nommés par l'auteur « soi(s) passés » et « soi(s) futurs ». Il existe donc des soi(s) passés ou futurs plus récents que d'autres. La distinction entre ces différentes sortes de soi est laissée à la subjectivité de l'énonciateur. Si quelqu'un parle d'un soi passé ou d'un soi futur, cela n'implique pas qu'il *soit* l'un ou l'autre de ces soi(s) car il n'existe pas de *personne* sous-jacente à ces deux soi(s)[1].

Dans une optique plus large, la critique parfitéenne de l'approche psychologique de l'identité personnelle illustre très bien la remise en question de l'unité du soi qui apparaît dès la fin du xixe siècle. Comme le font remarquer Raymond Martin et John Barresi[2], la notion de soi a une histoire que l'on

---

1. Cette conception est assortie d'une théorie éthique originale dans la mesure où l'on n'est plus responsable de *ses propres* actions mais de celles de « soi(s) » plus ou moins proches.

2. R. Martin et J. Barresi, *The Rise and Fall of Soul and Self: An Intellectual History of Personal Identity*, New York, Columbia UP, 2006.

peut comparer à certains égards à celle de la notion d'âme, qui, en philosophie, eut toujours pour fonction de garantir l'unité du sujet. C'était le rôle, par exemple, de la notion d'âme immatérielle thématisée par Platon, dès l'Antiquité grecque. Avec l'avènement de la science physique moderne au XVIIe siècle, cependant, elle fut abandonnée au profit d'un concept davantage naturalisé, celui de soi, qui prit le relais, pour ainsi dire, de la fonction unificatrice dévolue à l'âme. Locke, comme on l'a vu, traita le soi comme une entité réelle et tenta de lui donner une base empirique en établissant que son unité était celle de la conscience elle-même. De la conscience au cerveau, il n'y avait qu'un pas à franchir. Toutefois, l'essor des sciences cognitives, dès la fin du XIXe siècle, contribua plutôt à un morcellement du soi en une pluralité d'autres concepts plus maniables pour une explication théorique. Alors que le soi était un générateur d'unité, il devint ainsi un symptôme majeur de fragmentation. D'outil explicatif, on le considéra dès lors comme l'objet même de l'explication. C'est donc l'unité du soi elle-même qui devait être remise en cause aussi bien sur le plan purement théorique, champ de la philosophie analytique par exemple, que sur le plan empirique. Au XXe siècle, la philosophie analytique ne se priva d'ailleurs pas d'exploiter certaines études expérimentales en neurophysiologie pour conforter la réfutation d'une unité du soi, remettant ainsi en question la notion même de soi/personne. Le phénomène de *split-brain* (ou cerveau-divisé) fut particulièrement exploité en ce sens. C'est lors des premières opérations de bissection du corps calleux, la commissure du cerveau assurant le transfert interhémisphérique des informations, en vue du traitement en dernier recours d'épilepsies particulièrement sévères, que l'on découvrit que les deux hémisphères cérébraux pouvaient fonctionner de façon relativement autonome et indépendante [1]. On parla à la suite de certains travaux de R.W. Sperry et de M.S. Gazzaniga de phénomène de double conscience [2], car des expériences visant à isoler les stimuli dirigés vers l'un ou l'autre hémisphère des patients au cerveau-divisé montrèrent que la conscience liée à un hémisphère n'avait pas accès aux informations conscientes relatives à l'autre. L'idée que ces patients puissent posséder plusieurs esprits est particulièrement incisive car elle révélerait ce qu'il ne serait pas possible de voir en temps normal, à savoir que la vie psychique comporte une pluralité de consciences et donc de « soi(s) ». Or, le débat [3] consistant à déterminer le nombre de « soi(s) » (quelle que soit son issue) paraît révélateur en lui-même du fait que le cadre de référence traditionnel, à savoir l'unité individuelle de la personne, n'est pas plus fondé qu'un autre.

L'histoire de la naturalisation de la notion de soi conduit donc à se demander si les difficultés inhérentes à la question philosophique de l'identité personnelle ne proviennent pas du fait que la question elle-même est mal posée. Nous avons vu en effet que répondre à la question de l'identité personnelle supposait de résoudre à la fois le problème de l'unité synchro-

---

1. Voir par exemple : M.S. Gazzaniga et R.W. Sperry, « Language after Section of the Cerebral Commissures », *Brain* 90, 1967, p. 131-148.

2. Voir R.W. Sperry, « Brain Bisection and Mechanisms of Consciousness », dans *Brain and Conscious Experience*, J.C. Eccles (ed.), Berlin, Springer Verlag, 1966, p. 299.

3. Pour une description détaillée de ce débat, voir T. Nagel, « Brain Bisection and the Unity of Consciousness », dans J. Perry (ed.), *Personal Identity, op. cit.*, p. 227-244.

nique et de l'unité diachronique de la personne. Or, toutes deux paraissent désormais mises en cause. De ce point de vue, la personne ne saurait plus être un individu unique persistant dans le temps. Seule existerait une pluralité de soi(s) simultanés et une pluralité de soi(s) instantanés se succédant dans le temps.

Existe-t-il encore un problème philosophique de l'identité personnelle ?

Plusieurs objections peuvent néanmoins être formulées contre cette conclusion et ainsi permettre de justifier le bien-fondé du problème de l'identité personnelle.

La première vise l'équation entre personne et cerveau et du même coup la validité des expériences de pensée décrites plus haut.

Primo, d'un point de vue empirique, il semblerait que la réduction de la personne à son cerveau n'ait pas vraiment de sens. Comme le souligne par exemple E. Steinhart[1], le cerveau n'est qu'un organe et, en tant que tel, est intégré à un complexe physiologique beaucoup plus large, à savoir le corps propre d'un individu. Les caractéristiques et fonctions psychologiques d'une personne ne dépendent pas plus du cerveau que de chacun des constituants de ce complexe corporel. Selon le philosophe, l'unité biologique corrélée à la personne doit donc plutôt être considérée comme une unité systémique, réalisée par des réseaux cellulaires et moléculaires parallèles, dispersés dans tout le corps, et à l'origine de processus nerveux, endocriniens, immunitaires et génétiques. Dès lors,

1. E. Steinhart, « Persons Versus Brains : Biological Intelligence in Human Organisms », *Biology and Philosophy* 16, 2001, p. 3-27.

seul le complexe corps-cerveau est susceptible de correspondre à une personne. Pour simplifier, si l'on greffe le
cerveau d'une personne dans le corps décérébré d'une autre, la
réponse biologique la plus plausible à envisager est que l'individu résultant sera tout au plus une personne hybride (et au
pire, pas une personne du tout) qui ne sera identique à aucune
des personnes initiales. Une telle théorie conduit à repenser et
à réhabiliter le rôle du corps dans la construction personnelle,
car si l'individualité biologique n'est pas une condition suffisante pour être une personne, elle n'en est peut-être pas moins
une condition nécessaire.

Secundo, la réduction infondée de la personne au cerveau,
évacuant l'idée du corps propre en tant que tel, rend possible
une dépersonnalisation ou une neutralisation de la dimension
corporelle de la personne qui paraît injustifiée. C'est notamment le reproche que Paul Ricœur[1] adresse à Parfit lorsqu'il
observe que ce dernier, lorsqu'il expose les cas fictifs de transplantation cérébrale, fait abstraction du rapport spécifique que
la personne entretient avec son corps. En effet, constate
Ricœur, en règle générale, une personne conçoit son corps
comme *sien* avant de le concevoir comme *un* corps. Or, c'est
dénaturer ce rapport au corps propre, que l'on peut appeler
« mienneté » et qui fait partie intégrante de l'identité personnelle, que de le réduire à de la pure factualité, à un ensemble
de traces cérébrales par exemple. Selon nous, réhabiliter la
dimension corporelle de la personne comme une dimension
essentielle de la personne permet peut-être de comprendre
différemment son unité, c'est-à-dire non pas comme la résurgence mystérieuse d'un « noyau de persistance » mais comme

---

1. P. Ricœur, *Soi-même comme un autre*, *op. cit.*, p. 137-166.

un système complexe, ouvert sur l'extérieur. Car, le corps propre, interface entre soi et le monde, est la condition de possibilité de l'action. Ainsi, de la même manière que le corps semble construire son identité en intégrant des composantes extérieures à lui [1], la personne pourrait construire son identité en intégrant des composantes sociales par le biais de ses interactions avec les autres [2]. Notons que l'inclusion de la dimension sociale de la personne dans la définition réelle de la notion permet de jeter un pont entre le problème ontologique de l'identité personnelle et le problème éthique (et juridique) de la responsabilité des personnes [3].

Cela nous amène à exprimer une seconde objection qui découle logiquement de la première, et qui concerne le problème de l'unité du soi que l'on a examiné plus haut. On peut se demander, en effet, si le problème de fragmentation de la notion de soi ne tient pas en partie au fait que l'on souhaite réduire l'unité du soi à une unité suffisamment précise pour qu'on puisse en fournir une explication à partir des outils scientifiques que nous avons en notre possession. Or, il est fort probable que s'il existe une unité biologique à l'origine du « soi », elle soit plutôt un système complexe (différent du système biologique dont on a parlé plus haut), soumis au développement, dont on ne peut connaître pour le moment que certains constituants sans pouvoir encore comprendre comment ils sont subordonnés au tout. Penser que le problème de l'identité personnelle puisse un jour être résolu, c'est donc penser l'unité du soi non pas comme une unité *a priori*, toute

---

1. Voir la contribution de Th. Pradeu, p. 97-125.
2. Voir la contribution de R. Keucheyan, p. 205-230.
3. Voir la contribution de Ch. Girard, p. 177-203.

faite (autrement dit une illusion de notre entendement) mais comme une unité construite aussi bien par le biais de notre identité corporelle, que par le biais des interactions sociales que celle-ci rend possibles. Si, certes, nous devons nous contenter aujourd'hui de décortiquer les divers aspects du soi à l'aide de différentes théories scientifiques (en sciences cognitives, en psychologie sociale et du développement, etc.), il ne s'ensuit pas qu'on ne puisse élaborer dans le futur un cadre scientifique théorique plus adéquat dans lequel la question de l'identité personnelle pourrait être résolue.

CONCLUSION

Au terme de cette analyse, il est bien évident que nous ne sommes pas en mesure de formuler la définition réelle de la personne qui permettrait idéalement de résoudre le problème philosophique de l'identité personnelle. Toutefois, cela n'implique pas nécessairement de rejeter la notion de personne comme inadéquate d'un point de vue ontologique, ou de la réduire à une notion pragmatique qui serait indépendante de l'ontologie et de la science. Au contraire, on pourrait soutenir que la naturalisation de cette notion, en remettant en question son évidence, constitue peut-être une avancée pour l'étude du problème de l'identité personnelle. Même si le prix à payer est un éclatement du concept classique de soi, il est envisageable que puisse émerger un cadre théorique plus adéquat, reposant sur les avancées scientifiques, et capable de redonner du crédit à une ontologie de la personne.

Enfin, l'examen des théories de l'identité personnelle et de leur limite permet au moins de repenser la relation entre les notions de personne et d'individu que le sens commun avait tendance à confondre. On peut dès lors affirmer *a posteriori* que la personne ne se réduit pas à son individualité matérielle ou biologique, tout en relevant que cette individualité joue un rôle essentiel dans la construction de son identité. Par conséquent, si la personne est bel et bien dotée d'une unicité et d'une unité qui perdurent dans le temps malgré les changements, celle-ci ne peut être probablement que le produit d'un système complexe intégrant à la fois des composantes matérielles (en l'occurrence biologique pour la personne humaine), psychologiques et sociales en interaction réciproque. Cela expliquerait peut-être l'échec d'une critériologie ne dépendant que d'un seul de ces champs. En effet, si la personne était réalisée par un tel système, un critère exclusivement psychologique, exclusivement biologique, ou exclusivement social, ne saurait suffire à rendre compte de ce qu'est une personne. Compte tenu de l'ensemble de nos connaissances actuelles, seul un faisceau de critères hétérogènes pourrait donc permettre de proposer une description correcte de la personne, faute de pouvoir en déterminer la définition réelle.

Élodie Baget

QUI SONT LES INDIVIDUS DE LA POLITIQUE ?

En philosophie générale, un individu est un être un, distinct d'autres êtres uns. Il est le terme élémentaire auquel on parvient en décomposant analytiquement une réalité composée et qui ne peut pas être lui-même décomposé en individus. Il se définit donc par son unité – par cohésion interne – et par son unicité – par différenciation externe. La cohésion interne peut être pensée au moins de deux manières, comme simplicité – l'individu n'est pas composé de parties – ou comme auto-suffisance – l'individu est un être autonome. La différenciation externe peut elle aussi être pensée d'au moins deux façons : comme séparation – un individu est séparé des autres par des frontières spatio-temporelles – ou comme singularité – un individu se distingue des autres par sa nature unique, sans équivalent.

En philosophie politique, le terme prend un autre sens : un individu est un être humain particulier. D'un concept à l'autre, il y a toutefois moins substitution que réduction : un être humain particulier est un être humain qui est un – ce n'est pas une collection d'hommes mais un seul – et distinct d'autres êtres uns – les autres hommes. De même que l'individu au sens général est parfois conçu, selon un paradigme physique, comme un atome élémentaire entrant dans la composition d'un corps, ou encore, selon un paradigme biologique, comme un spécimen d'une espèce, situé dans une généalogie[1], l'individu de la politique est présenté alternativement comme l'atome élémentaire du corps social ou comme le spécimen particulier de l'espèce humaine.

Le vocabulaire politique ne fait certes que suivre l'évolution de la langue courante, qui identifie, à partir du XVIIe siècle, « l'individu » à l'homme particulier. Mais cette réduction lexicale risque de s'accompagner de l'éviction d'une question essentielle : qui sont les individus – au sens général – de la politique ? La seule évolution lexicale ne nous autorise pas à évacuer cette question. Cela reviendrait soit à la considérer résolue, en postulant que l'homme particulier est le seul individu qui intéresse la politique, soit à la considérer superflue, en postulant que l'ontologie n'est pas pertinente pour la philosophie politique. Nous montrerons ici que ces deux postulats sont erronés.

L'individu envisagé ici est une réalité ontologique, et non simplement un outil logique[2]. Pour qu'une chose soit un individu, il ne suffit pas qu'on puisse, par un effort d'abstraction, se la représenter comme cohérente et différenciée – ce qui est faisable pour toute chose dénombrable ; il faut plutôt qu'elle présente effectivement ces qualités. Il n'est toutefois pas besoin d'adopter une métaphysique objectiviste et de supposer que certaines choses sont objectivement individuées, qu'elles existent comme individus indépendamment de l'esprit humain. Il suffit de considérer que celui-ci conçoit certaines choses

---

1. Voir la contribution de J. Gayon, p. 127-150.
2. Voir la contribution de S. Chauvier, p. 11-35.

comme des êtres uns, non par un effort arbitraire d'abstraction, mais en vertu de propriétés qu'elles manifestent. Il y a des êtres qui sont tels que nous avons de bonnes raisons de les concevoir comme uns. Dans cette perspective, l'individu ontologique se distingue de l'individu logique en ce qu'il manifeste, en plus de la seule dénombrabilité, d'autres propriétés : il est cohérent car simple, si ce n'est auto-suffisant, il est différencié car séparé, si ce n'est singulier.

Qu'est-ce qui, en politique, est tel qu'il faut le concevoir comme un être un ?

Quels types d'êtres politiques sont des individus ?

Identifier les individus de la politique requiert d'abord de déterminer quels types d'êtres politiques sont des êtres uns. Même si on met de côté les objets abstraits (le pouvoir, la justice) et les objets concrets non humains (un drapeau, un hymne) pour se limiter au domaine humain, il n'est en effet pas certain que l'homme particulier soit le seul individu onto-logique que connaisse la politique. Une famille, une cité ou un État ne sont-ils pas des individus ?

Dire qu'un groupe humain est un individu ontologique impliquerait, semble-t-il, de renoncer à l'individualité de l'être humain particulier. S'il ne peut y avoir qu'un seul terme – un seul type d'être – qui constitue le stade final d'une décompo-sition analytique, comment un homme et un groupe d'hommes pourraient-ils être en même temps des individus ? Pour reprendre la métaphore physique, il n'est plus possible, une fois qu'on a décomposé, au XXᵉ siècle, les atomes en électrons, protons et neutrons, de continuer à les considérer comme les particules élémentaires de la matière, comme on le faisait au XIXe siècle.

Ce raisonnement, qui affirme qu'il ne peut y avoir qu'un seul type de choses qui sont des individus ontologiques, est en réalité contestable.

Il est certes influent, et sous-tend l'opposition souvent dessinée entre un monde radicalement holiste, où l'homme particulier serait à peine individué et entièrement intégré à la totalité politique, et un monde radicalement individualiste, où il serait au contraire un atome isolé, si individué que la totalité politique se désagrègerait. Ce contraste brutal est parfois convoqué pour décrire à gros traits l'écart séparant le monde des Anciens et le monde des Modernes, ou pour mettre en cause une doctrine particulière – le libéralisme est ainsi renvoyé au tableau cauchemardesque d'une société atomisée et sans lien social, tandis que le socialisme se voit ramené au scénario non moins effrayant d'un écrasement de l'individu par intégration complète dans le corps social.

Mais qu'elle renvoie à une dichotomie exclusive ou à un continuum défini par deux pôles, cette opposition est trop grossière. Elle emprunte la distinction ente individualisme et holisme, pertinente du point de vue de la méthodologie de l'explication sociologique[1], voire de l'interprétation des idéologies sociales[2], et la transforme, en la radicalisant, en une alternative ontologique. Elle suppose que l'individuation de l'être humain particulier ne peut se faire qu'au détriment

1. Voir la contribution de R. Keucheyan, p. 205-230.
2. L. Dumont, *Essais sur l'individualisme : Une perspective anthropologique sur l'idéologie moderne* (1983), Paris, Seuil, 1991.

de celle du corps politique, et inversement; or, rien n'est moins sûr.

L'individu et la cité

Pour identifier les différentes communautés politiques, Aristote propose de suivre la méthode analytique, qui consiste à décomposer une réalité complexe en ses unités constitutives : « il est nécessaire de diviser le composé jusqu'à ses éléments non composés (c'est-à-dire les parties infimes du tout) » pour considérer « ce dont est formée la cité » (1252a18-21) [1]. La cité est la communauté la plus complexe, formée par l'union de plusieurs villages en vue de l'autarcie. Au niveau intermédiaire, le village réunit plusieurs familles en vue de la satisfaction des besoins non vitaux. La communauté élémentaire est la famille, la communauté formée par l'union de l'homme et de la femme, du maître et de l'esclave, en vue de la satisfaction des besoins vitaux.

La famille est le terme final de l'analyse car elle n'est pas décomposable en éléments indépendants : il est « nécessaire que s'unissent les êtres qui ne peuvent exister l'un sans l'autre, par exemple la femme et l'homme, en vue de la procréation [...] et celui qui commande et celui qui est commandé, en vue de leur mutuelle sauvegarde » (1252a27-32). L'union familiale n'est pas le fruit d'une décision réfléchie prise par un homme pré-social, mais de la tendance naturelle portant chaque être à satisfaire ses besoins : l'homme est toujours déjà dans une communauté.

---

1. Aristote, *Les Politiques*, trad. fr. P. Pellegrin, Paris, GF-Flammarion, 1993, p. 86.

Il est toutefois possible de décomposer la famille en éléments distincts et singuliers, quoique non indépendants : l'homme libre ne s'y confond ni avec la femme, ni avec les enfants, ni avec l'esclave. On ouvre certes ici une nouvelle ligne d'analyse, en changeant de critère d'individualité : la singularité, et non l'indépendance.

Mais la famille elle-même n'est pas pleinement indépendante. Les familles se constituent en villages, et les villages en cités, de façon également naturelle, en réponse à un manque. Seule la cité est à proprement parler une unité indépendante, c'est d'ailleurs là sa caractéristique distinctive [1] : « la communauté achevée formée de plusieurs villages est une cité dès lors qu'elle a atteint le niveau de l'autarcie pour ainsi dire complète » (1252b28-29). C'est pourquoi, dans la perspective téléologique d'Aristote, la cité est une réalité naturelle qui est antérieure – ontologiquement, sinon historiquement – aux autres communautés : « le tout, en effet, est nécessairement antérieur à la partie, car le corps entier une fois détruit, il n'y a plus ni pied ni main » (1253a20-22).

Quand Aristote n'étudie plus les types de communautés mais l'organisation du pouvoir politique, c'est encore une autre ligne d'analyse qui apparaît : « puisque la cité <fait partie> des composés, comme n'importe lequel des touts formés de plusieurs parties, il est clair qu'il faut d'abord mener une recherche sur le citoyen. La cité en effet est un ensemble déterminé de citoyens » (1274b39-41). Le citoyen est la partie élémentaire de la cité parce qu'il en est un élément simple – non décomposable – mais aussi singulier – distinct des autres citoyens. « La cité est composée d'hommes qui […] diffèrent

---

1. F. Wolff, *Aristote et la politique*, Paris, PUF, 1991, chap. 2.

spécifiquement entre eux ; une cité, en effet, n'est pas formée de gens semblables : une alliance militaire et une cité sont deux choses différentes » (1261a22-25). Si Aristote rejette la communauté des biens et des femmes, c'est précisément qu'il ne faut pas pousser trop loin l'intégration de l'homme dans la cité : « il faut que, d'une certaine manière, la famille aussi bien que la cité soient unes, mais pas complètement. Car il y a un moment où, en s'avançant sur la voie de l'unité, la cité n'en sera plus une […]. Il faut que la cité soit une multiplicité » (1263b31-36).

Qu'est-ce qui est alors un individu ? L'ontologie politique aristotélicienne échappe à l'alternative grossière entre individualisme et holisme et nous renvoie à la multiplicité des critères d'individuation. Si l'individu est l'unité singulière la plus simple, alors l'homme particulier est un individu. Si l'individu est l'unité relativement indépendante la plus simple, alors la famille est un individu. Si l'individu est l'unité absolument indépendante la plus simple, alors la cité est un individu. Certes, la cité est plus individuée que la famille ou le village, car elle est pleinement indépendante. Elle est antérieure aux autres communautés, car elle est leur fin, et à l'homme, car elle est la condition de son humanité. Mais son unité exige le respect de la singularité des citoyens qui la constituent. La communauté politique n'est pas individuée au détriment de l'homme particulier, ni l'homme particulier au détriment de la communauté.

Les individus collectifs

L'exemple aristotélicien nous montre qu'il peut exister simultanément plusieurs lignes d'analyses ontologiques, car il y a plusieurs critères d'individualité et différents degrés

d'individuation. Mais cela ne suffit pas à expliquer que différents types d'êtres, situés à différents niveaux de composition
puissent être en même temps des individus. Après tout, il est
peut-être illusoire d'attribuer des propriétés comme l'autarcie
aux groupes d'hommes plutôt qu'aux hommes eux-mêmes.
Dire qu'une association humaine est autarcique ne revient-il
pas à dire que ses membres, en tant qu'ils sont réunis, sont
autarciques? Si tel est le cas, il est inutile d'ériger la cité en
individu.

Mais une telle réduction suppose qu'un groupe n'est rien
d'autre qu'une simple collection d'individus – ce à quoi réfère
une liste de noms. Or un groupe humain n'est pas simplement
une addition de parties, c'est un tout intégré. Il possède en effet
non seulement des propriétés résultantes, c'est-à-dire produites
par l'addition des propriétés de ses parties, mais aussi des
propriétés émergentes, c'est-à-dire produites par le mode de
composition des parties et qui sont donc irréductibles aux
propriétés de chacune d'entre elles. Une voiture est dotée de
la capacité de locomotion sans qu'aucune de ses pièces, prise
séparément, n'en soit dotée, ni que la somme des propriétés de
celle-ci ne suffise à la produire. De même, la cité aristotélicienne est dotée de la propriété d'autarcie, sans que ce soit le
cas d'aucune de ces composantes, ni que cette propriété soit
produite par la somme de leurs propriétés.

Il faut donc reconnaître l'existence d'«individus
collectifs»[1], c'est-à-dire d'individus eux-mêmes composés
d'individus. Cela n'implique aucun mysticisme, et revient
simplement à dire ceci: une cité, mais aussi une association ou

---

1. V. Descombes, «Les individus collectifs», *Revue du MAUSS*, vol. 18,
n°2, 2001, p. 305-337.

une nation, sont des individus collectifs car on ne peut les réduire à la liste des êtres humains qui les composent sans perdre les propriétés émergentes qui les distinguent et qui tiennent à leur mode de composition.

Notons d'ailleurs que réduire un groupe à la liste de ses membres nous obligerait à considérer qu'il y a un nouveau groupe à chaque fois qu'un membre disparaît ou apparaît; cela ne rendrait guère compte de la permanence attribuée par exemple aux associations, non seulement par le sens commun, mais aussi par le droit, qui leur reconnaît une personnalité juridique continue. Toutefois, l'individuation ontologique d'un groupe n'implique pas nécessairement qu'il faille, pour rendre compte de son fonctionnement, le considérer comme un agent doté d'une raison, de croyances et de désirs propres, comme cela est parfois proposé[1].

S'il y a des individus collectifs, faut-il les distinguer des individus ontologiques « ordinaires » ? Non, suggère Descombes, car « ce que nous appelons 'individu collectif' n'est pas autre chose qu'un individu ordinaire considéré dans sa composition »[2]. Une même chose peut-être multiple – non individuée – du point de vue de sa composition interne et être une – individuée – du point de vue de son milieu externe, c'est-à-dire de ses relations avec son environnement. Comment cela est-il possible ? Simplement parce que ce ne sont pas les mêmes propriétés que l'on considère dans les deux cas.

On ne distingue pas, en effet, des individus ontologiques en général, mais seulement relativement à certaines propriétés.

---

1. P. Pettit, *Penser en société : Essais de métaphysique sociale et de méthodologie*, Paris, PUF, 2004, chap. 5.

2. V. Descombes, « Les individus collectifs », art. cit., p. 335.

« Les choses ne sont pas en un certain nombre sans plus. Elles sont en un certain nombre à être dans un certain cas » [1]. Ce postulat est autorisé par la perspective que nous avons adoptée, selon laquelle les individus n'existent pas indépendamment de l'esprit humain mais sont conçus par lui, de manière non arbitraire. Identifier un individu, c'est identifier un être cohérent et différencié qui a la propriété X – par exemple, « être autarcique » ou « avoir la capacité de locomotion ». L'identification des individus ontologiques repose donc à la fois sur des critères génériques d'individuation – la cohésion et la différenciation, interprétable chacune d'au moins deux manières distinctes – et sur le choix d'une propriété donnée. C'est par rapport à cette propriété que l'on peut se demander si une chose est simple ou auto-suffisante, séparée ou singulière. Ainsi, si X est une propriété émergente d'un groupe, ce groupe ne peut être décomposé en plusieurs individus qui ont aussi la propriété X ; il est donc bien le terme final de l'analyse relativement à la propriété X, et ce, même s'il est décomposable, et donc non individué, relativement à la propriété Y. La cité aristotélicienne est une unité simple relativement à la propriété « être pleinement autarcique », mais non relativement à la propriété « suffire à la satisfaction des besoins vitaux » – car les familles qui composent la cité ont également cette propriété.

L'individuation de l'État

La portée de l'affirmation selon laquelle une même chose peut être une du point de vue externe mais multiple du point de vue interne – car on ne considère pas les mêmes propriétés dans chaque cas – apparaît clairement quand on examine

---

1. V. Descombes, « Les individus collectifs », art. cit., p. 333.

l'entité politique moderne la plus souvent assimilée à un individu : l'État.

Pour les Modernes, le problème de l'articulation du corps politique et de ses parties ne se pose pas sous la forme d'une décomposition à partir de la cité, mais au contraire d'une composition à partir de l'homme particulier : c'est ce dernier qui constitue la donnée naturelle première. Les théoriciens du droit naturel raisonnent à partir de deux postulats : celui d'un état de nature pré-politique, où les hommes vivent égaux en l'absence d'institutions politiques, et celui d'un contrat social, par lequel ils se mettent d'accord pour constituer, par convention, un corps politique. Loin d'être un animal politique, l'être humain particulier préexiste logiquement à l'État et le crée en renonçant volontairement à l'indépendance dont il dispose à l'état de nature. La théorie politique moderne fait de l'État une entité artificielle.

Le problème ontologique de l'individuation de l'État a un enjeu pratique décisif, car son unité est la condition de son efficacité. Hobbes formule clairement la difficulté : « si nombreuse que soit une multitude d'individus, si cependant leurs actions sont dirigées par leurs jugements et leurs instincts particuliers, ils ne peuvent, par leur nombre, espérer ni défense ni protection, que ce soit contre un ennemi commun, ou contre les torts qu'ils se font les uns aux autres »[1]. Le nombre des parties ne confère aucune force au tout si celui-ci n'est pas intégré.

Les théories contractualistes s'efforcent dès lors d'expliquer comment le pacte social permet le passage de la

---

1. T. Hobbes, *Léviathan* (1651), trad. fr. G. Mairet, Paris, Gallimard, 2000, p. 284.

multitude à l'unité. C'est le sens du frontispice ornant l'édition originale du *Léviathan*, qui représente la République sous les traits d'un homme dont le corps est lui-même constitué d'une multitude d'hommes. Pour Hobbes, il faut que l'État soit comme un individu, doté d'une volonté une pour gouverner efficacement – c'est avant tout la volonté souveraine, qui doit être individuée. Il faut donc que chacun accepte de déléguer son droit naturel de se gouverner lui-même à une personne juridique qui devient le représentant de tous. « Les humains en multitude forment une personne *une* quand ils sont représentés par un seul homme ou par une seule personne, en sorte que cela se fasse avec le consentement de chacun des individus particuliers de cette multitude. En effet, c'est *l'unité* du représentant, non *l'unité* du représenté qui fait la personne *une* » [1].

Par la force de la représentation, quoiqu'il y ait autant d'auteurs de ce que dit et fait le souverain qu'il y a d'hommes, il y a un seul individu qui parle et qui agit en leur nom. La question ontologique est résolue ici par la distinction instaurée entre l'individualité naturelle de l'être humain et l'individualité artificielle du souverain – qui est créée par un acte juridico-politique. Mais c'est le ressort même de cette résolution – la délégation qui oblige chaque homme à accepter comme sa parole et son acte ce que dit et fait le représentant, quoi que celui-ci dise et fasse, tant que cela ne met pas sa vie en danger – qui place le peuple à la merci des volontés particulières de son représentant, comme le soulignent les critiques républicaines et démocrates de Hobbes.

Comment une volonté collective individuée peut-elle émerger à partir de la multitude des volontés particulières?

---

1. T. Hobbes, *Léviathan*, *op. cit.*., p. 276.

Les divers courants de la théorie politique moderne, ne cessent de revenir à cette même question, de la tradition rousseauiste, qui s'efforce de distinguer la volonté générale de la somme des volontés particulières, aux théories du choix social, qui, de Condorcet à Arrow, discutent de la possibilité de produire des préférences collectives cohérentes en agrégeant des préférences individuelles[1]. Pour être légitime, la volonté souveraine doit être dérivée de la multiplicité des volontés individuelles; pour être efficace, elle doit être individuée comme celle d'un homme particulier.

Multiplicité interne, unité externe

L'idée qu'un être peut être multiple du point de vue interne mais un du point de vue externe prend une pertinence particulière ici, car l'individualité de l'État se conçoit plus facilement au niveau international qu'au niveau intra-national. En effet, dans ses rapports avec les autres États, chaque État est considéré comme une entité simple – non décomposable; il est doté de propriétés émergentes qui sont irréductibles aux propriétés de ses citoyens individuels : ce sont les États qui signent les traités internationaux et constituent les institutions internationales que sont l'ONU, l'OMC ou l'OIT, et non les hommes particuliers.

Ce dualisme ontologique (multiplicité interne, unité externe) est caractéristique de la pensée moderne de l'État. Déjà chez Rousseau, tandis qu'au niveau interne « le souverain n'est par sa nature qu'une personne morale, qu'il n'a qu'une

---

1. Condorcet, *Mathématique et société*, Paris, Hermann, 1974; K. Arrow, *Choix collectifs et préférences individuelles* (1951), Paris, Calmann-Lévy, 1974.

existence abstraite et collective, et que l'idée qu'on attache à ce mot ne peut être unie à celle d'un simple individu »[1], en revanche, « à l'égard de l'étranger, il devient un être simple, un individu »[2]. À l'intérieur, l'individualité de l'État n'est qu'une fiction : le souverain n'est rien d'autre que la multiplicité qui le compose. À l'extérieur, l'État devient un individu indivisible ; ainsi la guerre est-elle une relation d'État à État et non d'hommes à hommes. Les relations internes sont des relations entre hommes ; les relations externes sont des relations entre États, car « entre choses de diverse nature, on ne peut fixer aucun vrai rapport »[3].

L'individuation externe de l'État ne va pourtant pas sans risques.

D'une part, elle risque de se faire au détriment des hommes particuliers, dont la contribution à la politique internationale devient alors invisible[4], mais aussi des entités transnationales qui ne se réduisent pas à des alliances d'États. S'il faut ramener toute individualité à celle de l'État, quel est par exemple le statut de l'Union Européenne, qui n'est ni un État supranational, ni une simple association d'États internationale, et possède un parlement transnational en même temps que des instances intergouvernementales ?

D'autre part, elle représente un enjeu idéologique central des luttes politiques. La représentation de la nation comme une

1. J.-J. Rousseau, *Du contrat social* (1ʳᵉ version), dans *Œuvres complètes*, t. III, Paris, Gallimard, 1964, p. 294-295.

2. J.-J. Rousseau, *Du contrat social*, I, 7 (1762), Paris, GF-Flammarion, 2001, p. 59.

3. *Ibid.*, I, 4, p. 52.

4. M. Girard (dir.), *Les Individus dans la politique internationale*, Paris, Economica, 1995.

est au fondement de tout nationalisme, extrême ou modéré, et constitue un obstacle redoutable au projet cosmopolitique d'une société mondiale qui ne soit pas seulement une société des nations. L'État nation moderne a d'ailleurs émergé d'un double processus historique d'individuation, produisant cohésion et différenciation : intégration directe des individus dans la nation par suppression des appartenances intermédiaires et affirmation d'une identité nationale distincte, marquée par la coïncidence de frontières géographiques, linguistiques, culturelles et symboliques[1]. L'individualité des entités politiques évolue aussi en fonction des représentations que s'en font les hommes, car celles-ci influencent leurs actions, qui sont la matière même des réalités politiques – les débats sur l'unité identitaire, historique ou géographique, culturelle ou religieuse, de l'Union Européenne, contribuent à forger son destin.

L'examen des conditions d'individuation de l'État comme de celles de l'homme ou de la cité, nous amène à la conclusion suivante : l'individualité ontologique ne peut pas être réservée à un seul type d'être, mais doit être étendue à des réalités politiques diverses, situées à différents niveaux de composition.

QUEL INDIVIDU ONTOLOGIQUE EST L'INDIVIDU HUMAIN ?

Identifier les individus de la politique requiert également de distinguer les uns des autres les individus situés à un même

1. M. Mauss, « La nation » (1920), dans *Œuvres*, Paris, Éditions de Minuit, 1969.

niveau de composition. En particulier, si l'être humain parti-culier est, comme l'usage langagier et le sens commun le suggèrent, l'individu ontologique par excellence, ses contours doivent être nettement délimités. Quel individu ontologique est l'individu humain ?

Arrêter les contours de l'individu dont il est question en politique n'est guère aisé. Qu'il s'agisse de fonder la prise de décision collective sur la consultation des volontés indivi-duelles, de protéger les droits individuels contre l'intervention illégitime de l'État, ou de compenser les inégalités interindi-viduelles jugées arbitraires, c'est certes toujours à partir de l'individu humain que sont pensées à l'époque moderne la légitimité, la liberté ou la justice. Mais paradoxalement, il disparaît fréquemment derrière les figures plus fermement dessinées du citoyen, de la personne juridique ou du sujet moral. L'adjectif « individuel » renvoie souvent moins à l'individu humain en tant que tel qu'à l'un de ces concepts : la volonté individuelle à consulter est celle du citoyen, les droits à protéger sont ceux de la personne, l'autonomie à respecter est celle du sujet moral.

Le substantif individu, employé rigoureusement, prend le sens suivant : l'individu est ce qui peut être un citoyen, une personne ou un sujet. On reconnaît ainsi à l'individu une volonté en tant que citoyen, des droits en tant que personne et une autonomie en tant que sujet. L'individu humain est donc le support de statuts normatifs : il est l'entité positive à laquelle peuvent être conférés des ensembles de droits et d'obligations – politiques, juridiques et moraux – qui définissent ce que devrait faire ou ne pas faire l'individu, et ce qui devrait ou ne devrait pas lui être fait.

Un homme, des individus

La délimitation de l'individu humain est rendue difficile par la non coïncidence des statuts dont il est le support. Ceux-ci ne sont certes pas entièrement dissociés : la citoyenneté est une qualité de la personne juridique, et l'on peut penser que c'est en tant que sujet moral que l'individu est digne d'être citoyen et non esclave. Mais ils ne se confondent pas non plus : un apatride est un sujet moral sans être un citoyen, une collectivité est une personne juridique sans être un sujet moral.

Il faut alors envisager la possibilité qu'à chaque individu humain correspondent autant d'individus ontologiques que de statuts : le citoyen, la personne ou le sujet (et quelques autres) délimitent en effet des individualités distinctes, qui ne se recoupent qu'imparfaitement. L'individu humain ne correspond pas à un individu ontologique, mais à plusieurs.

Cela est certes contre-intuitif si l'on reste attaché à l'idée que les choses sont individuées en elles-mêmes, car une ontologie qui associe à chaque être humain une multiplicité d'individus existant en eux-mêmes paraît inutilement dispendieuse. Mais cela l'est beaucoup moins si, comme nous l'avons suggéré, l'identification d'individus n'a de sens que relativement à certaines propriétés. Puisque l'on considère des propriétés normatives différentes selon le statut que l'on examine (« avoir une volonté légitime », « avoir des droits », « être autonome »), il n'est pas surprenant qu'il y ait autant d'individus que de statuts.

La thèse d'une pluralité d'individus ontologiques attachés à chaque être humain ne dit rien d'autre que ceci : l'individu humain n'est pas une réalité qui serait définissable indépendamment de ses statuts ou de ses relations sociales – à moins de le réduire à son individualité biologique, laquelle n'est d'ailleurs pas univoque[1]. Les multiples statuts attribués à chaque homme ne peuvent être ramenés à une individualité une – l'individu en tant qu'il ne serait ni citoyen, ni personne, ni sujet, considéré hors de toute relation sociale. Un tel individu n'est, du point de vue politique, qu'une représentation abstraite, un individu logique, et non ontologique.

Dewey souligne ainsi que dans la mesure où l'être humain particulier se voit conférer différents pouvoirs et responsabilités par les différentes associations dans lesquelles il est engagé, il peut «être en désaccord avec lui-même et avoir au sens propre des soi conflictuels ou former un individu relativement désintégré»[2]. Le militant peut par exemple s'opposer en lui au croyant ou au salarié. Ainsi, «l'être humain auquel nous pensons comme à l'individu par excellence est mû et régi par ses associations avec les autres; on ne peut décrire et encore moins rendre compte de ce qu'il fait en le considérant de manière isolée»[3]. C'est seulement si l'on fait artificiellement abstraction de toutes les connexions qui définissent l'individu, si on imagine un particulier qui ne soit ni salarié, ni croyant, ni militant, que «grandit dans l'esprit l'image d'un individu résiduel, qui n'est membre d'aucune association»[4]. L'individu humain séparé de ses relations et de ses statuts est une abstraction irréelle.

---

1. Voir la contribution de Th. Pradeu, p. 97-125.
2. J. Dewey, *Le Public et ses problèmes*, *op. cit.*, p. 187.
3. *Ibid.*, p. 185.
4. *Ibid.*, p. 187.

La personne juridique

Le découplage partiel de l'individu humain identifié par le sens commun et des individus ontologiques délimités par ses statuts normatifs est justifié par exemple par l'écart séparant en droit l'individu humain de la personne juridique.

Ainsi l'état des personnes – l'ensemble des éléments juridiques qui permet d'individualiser chaque personne dans la société et inclut notamment le nom, le prénom, le sexe et l'âge – est en droit français indisponible : nul ne peut le modifier, même si l'état de l'individu humain évolue. C'est pour cette raison que la Cour de cassation rejetait avant 1992 les demandes de changement d'état civil émanant de personnes transsexuelles désireuses de modifier la mention de leur sexe. De sorte que le sexe psychologique de l'individu transsexuel, ainsi que son sexe physiologique en cas d'opération chirurgicale transformatrice, pouvaient ne pas correspondre au sexe juridique de la personne. La jurisprudence de la Cour européenne des droits de l'homme a certes fini par rendre possible le changement d'état civil, mais sans remettre en cause le principe d'indisponibilité [1] : elle a seulement jugé que la discordance entre la mention civile et l'apparence de l'individu transsexuel, en l'obligeant à révéler fréquemment à des tiers des informations privées, créait une situation « incompatible avec le respect dû à sa vie privée » [2].

La personne juridique ne se confond pas avec l'individu humain. Elle n'en est pas moins réelle du point de vue politique et délimite donc individu ontologique distinct. Pour

---

1. T. Yan, « Le sujet de droit, la personne et la nature : Sur la critique contemporaine du sujet de droit », *Le Débat*, vol. 100, 1998, p. 85-107.

2. CEDH, arrêt B/France, Strasbourg, 25 mars 1992, série A, n°231 C.

autant, personne et individu humain ne sont pas totalement découplés, puisque la prise en compte des intérêts du second peut justifier la modification de l'état de la première. Quel est alors leur rapport ?

Il est tentant de supposer qu'à tout homme correspond une personne, et que c'est une qualité du premier qui crée la seconde. Ainsi, dans une optique volontariste, tout être doté d'une volonté libre est le titulaire de droits subjectifs. Selon Savigny, « tout droit est la sanction de la liberté morale inhérente à chaque homme. Aussi l'idée primitive de personne ou sujet de droit se confond avec l'idée d'homme et l'identité primitive de ces deux idées peut se formuler en ces termes : chaque individu, et l'individu seulement, a la capacité du droit »[1].

Cette conception pose toutefois un double problème. D'une part, elle prive de personnalité juridique ceux qui sont jugés incapables car privés d'une volonté entière – l'enfant ou l'insensé. D'autre part, elle oblige à distinguer entre personnes normales, correspondant à des êtres humains, et personnes anormales, correspondant à des groupes. On juge alors que la personnalité est « étendue artificiellement à des êtres fictifs »[2] – c'est le cas des collectivités et des associations, constituées en personnes morales. Mais, nous l'avons vu, un groupe n'est pas un individu plus fictif ou moins réel qu'un homme particulier.

Cette double difficulté est certes évitable, si on considère que ce n'est pas une faculté humaine, mais l'existence d'un

---

1. F.C. von Savigny, *Traité de droit romain*, t. II, Paris, Firmin Didot, 1841, p. 2.

2. *Ibid.*, p. 233.

intérêt à protéger qui fonde la personnalité juridique. Il n'y a plus alors à distinguer entre personnes normales et anormales, car attribuer un intérêt à une entité collective ou à un individu irresponsable ne pose aucun problème. Cette conception soulève toutefois une autre difficulté, puisque rien n'empêche alors de séparer radicalement la personne de l'individu empirique et d'attribuer un intérêt, et donc une personnalité, à des entités non humaines, comme cela est parfois proposé pour les animaux ou les arbres. Il est dès lors difficile de déterminer un point d'arrêt non arbitraire à l'extension de la personnalité.

Une délimitation naturelle de l'individu ?

L'ambiguïté du rapport entre individu humain et personnalité juridique – continuité ou séparation – illustre une difficulté plus générale. L'individu humain est-il le simple attributaire ou le titulaire naturel, des droits et obligations politiques, juridiques et moraux qui lui sont socialement reconnus ? L'écart entre ces deux états est analogue à celui qui sépare la personne du *ius* romain, qui se voit allouer des droits et obligations par un système de justice distributive visant la réalisation d'un ordre global, et le sujet de droit du jusnaturalisme moderne, qui possède des droits naturels et inaliénables que l'ordre positif ne fait que valider [1].

Si l'homme est titulaire de droits naturels inaliénables, il devient difficile de soutenir, comme nous le suggérons, que l'individu ne peut être défini indépendamment de ses relations sociales et qu'il correspond à différents individus ontologiques, selon les statuts qu'il endosse. Ainsi, si tout homme

---

1. A. Paynot-Rouvillois, « Sujet de droit », dans D. Alland et S. Rials (dir.), *Dictionnaire de la culture juridique*, Paris, PUF, 2003, p. 1452-1456.

possède par exemple un droit naturel à la propriété de soi-même, il faut bien supposer que les limites politiques de ce « soi » sont naturellement fixées : un individu naturel préexiste à l'attribution sociale de statuts normatifs. Un tel droit existe-t-il ?

Les libertariens considèrent que le droit de chacun à la propriété de soi-même est une évidence morale intuitive et fondamentale. Nozick, pour critiquer l'idée selon laquelle toute inégalité naturelle doit être compensée par des mesures redistributives, imagine un transfert de globes oculaires visant à compenser l'inégalité du sort qui frappe les non-voyants. L'idée qu'on puisse priver des voyants de leurs yeux à des fins redistributives choque nos intuitions morales les plus profondes, suggère Nozick, car cela représente une violation du droit à la propriété de soi-même[1]. Ce n'est pourtant pas évident. Cohen suggère une autre expérience de pensée[2] : imaginons que chacun naisse avec des orbites vides et que l'État, disposant d'yeux artificiels, les « prête » aux individus dès la naissance. Si un individu perd accidentellement « ses » deux yeux, l'État peut-il reprendre l'œil prêté à un autre pour y remédier ? Ce transfert paraît aussi inacceptable que le premier, et pourtant il n'y a pas ici de propriété : ce qui nous gêne, ce n'est pas la violation d'un supposé droit moral à la propriété de soi-même, c'est l'atteinte à l'intégrité physique de l'individu, au corps dans lequel il vit et qui peut être protégé par des droit juridiques ou moraux sans lui appartenir.

---

1. R. Nozick, *Anarchie, État et Utopie* (1974), Paris, PUF, 1988, p. 235.
2. G.A. Cohen, *Self-ownership, freedom and equality*, Cambridge, Cambridge UP, 1995, p. 244.

Nos intuitions morales ne suffisent pas à établir l'existence de droits naturels. Rien ne nous oblige à supposer l'existence d'un individu humain naturel, définissable indépendamment de ses relations sociales et de ses statuts politiques. Rien ne nous empêche, en politique, d'identifier pour chaque homme une pluralité d'individus ontologiques.

Atomisme et individualisme

Quelles sont les conséquences d'une telle ontologie politique ? Il devient impossible de justifier les présupposés de certaines théories normatives.

Considérons par exemple la thèse selon laquelle le droit de chacun au libre développement de son individualité fonderait un droit à l'auto-suffisance matérielle, interdirait de requérir la participation active du citoyen à la vie politique ou justifierait que l'on limite autant que possible son intégration à la société. Elle suppose que pour devenir un être pleinement individué, l'homme particulier doit pouvoir s'isoler de la société et de ses exigences : l'auto-suffisance serait une condition de la singularité. Ce présupposé est erroné, car l'individu humain n'est pas une monade contenant en elle-même le principe de son développement singulier.

Le repli sur soi individualiste et le manque d'indépendance d'esprit sont, souligne Tocqueville, deux traits conjoints de la société démocratique. La passion de l'égalité nourrit l'individualisme, ce « sentiment réfléchi et paisible qui dispose chaque citoyen à s'isoler de la masse de ses semblables et à se retirer à l'écart avec sa famille et ses amis »[1]. Elle amène

---

1. A. de Tocqueville, *De la démocratie en Amérique*, II, 2, II (1840), dans *Œuvres complètes*, t. I, vol. 2, Paris, Gallimard, 1992, p. 105.

l'homme démocratique à n'attendre rien de personne et à se considérer toujours isolément : il ne voit dans les autres hommes que des égaux, par lesquels il n'a pas à se laisser influencer. Mais en se repliant sur lui-même, il s'expose à une influence plus redoutable. « Dans les temps d'égalité, les hommes n'ont aucune foi les uns dans les autres à cause de leur similitude. Mais cette même similitude leur donne une confiance presque illimitée dans le jugement du public car il ne leur paraît pas vraisemblable qu'ayant tous des lumières pareilles, la vérité ne se rencontre pas du côté du plus grand nombre » [1]. Parce que l'individu humain n'est jamais auto-suffisant intellectuellement, l'isolement le rend plus dépen-dant, en changeant la source de la dépendance : non plus l'influence individuelle d'une autorité particulière, mais l'influence collective de l'opinion commune. C'est pourquoi, dans les démocraties, « tous les hommes sont semblables et font des choses à peu près semblables » [2].

Ce n'est pas l'isolement mais l'insertion dans des rela-tions sociales qui nourrit la singularité individuelle. Notons qu'affirmer que l'individu ne pense jamais tout seul, que c'est son existence sociale qui lui confère la capacité de penser, ne revient pas à nier qu'il soit un esprit individué ou qu'il ait des pensées singulières : on peut défendre une ontologie qui est à la fois individualiste et anti-atomiste [3]. De même, reconnaître la dimension sociale de la pensée individuelle n'interdit pas de considérer le développement de son identité singulière comme un bien moral – le libéralisme de Mill peut ainsi tenir compte

---

1. A. de Tocqueville, *De la démocratie en Amérique*, *op. cit.*., II, 1, II, p. 18.
2. *Ibid.*, II, 3, XVII, p. 236.
3. P. Pettit, *Penser en société*, *op. cit.*, chap. 4.

de l'avertissement tocquevillien tout en défendant, notamment contre l'ingérence de l'opinion collective, le droit de chacun à développer son « individualité »[1].

Ontologie et normativité

La délimitation ontologique de l'individu humain a donc des implications immédiates pour l'évaluation des théories politiques : elle permet d'éprouver les conceptions de l'individualité sur lesquelles elles s'appuient – et qu'elles empruntent souvent, pour se justifier, à l'une ou l'autre des disciplines étudiant l'individu humain : sociologie ou psychologie, voire biologie ou métaphysique.

Faut-il aller plus loin et affirmer que l'ontologie politique permet également d'évaluer la pertinence normative de ces théories ? Doit-on par exemple dire, comme cela est parfois suggéré, que la compréhension de l'individu comme être toujours déjà social, défini par ses relations et ses statuts, réfute le libéralisme ?

Certes, la tradition libérale, qui met au premier plan les droits individuels et recourt, dans sa variante contractualiste, à la fiction d'un pacte passé entre atomes pré-politiques, isole artificiellement l'homme particulier pour lui attribuer une valeur et une autonomie propres. L'ontologie politique défendue ici permet certes de rejeter une telle conception, si elle prétend décrire ce qu'est l'être humain ; mais elle n'a aucune incidence sur cette même conception en tant qu'idéal normatif. Invoquer la nature toujours déjà sociale de l'homme permet de contester l'idée que l'individu possède des droits naturels pré-

1. J.S. Mill, *De la liberté* (1859), Paris, Gallimard, 1990, chap. 3.

politiques, mais non de réfuter qu'il faille lui attribuer tels ou tels droits individuels[1].

Ainsi la critique communautarienne du libéralisme manque-t-elle en partie sa cible. Sandel, par exemple, reproche à Rawls[2] de postuler un soi qui préexiste à ses propres fins[3], et serait pensable indépendamment des croyances et des engagements communautaires qui le définissent pourtant comme être social. L'insistance libérale sur la protection de la liberté individuelle de choix, affirme-t-il, ignore ce fait simple : l'individu ne choisit pas le mode de vie qu'il va mener, il le découvre déjà inscrit dans le contexte social qui est le sien. Le libéralisme s'égare en postulant un sujet toujours déjà individué. Cette critique atteint certainement les théories qui postulent l'existence d'un tel sujet, mais elle n'est pas fatale à celles qui ne lui attachent qu'une valeur normative, et non descriptive. Rawls suggère ainsi qu'il est possible de s'appuyer sur une conception normative, puisée dans la culture politique démocratique, de l'individu humain – un citoyen libre et égal aux autres, un sujet moral autonome capable de choix – et d'en faire un idéal à réaliser sans la considérer comme une description métaphysique adéquate[4]. La compréhension ontologique de l'individu humain comme être toujours déjà social est compatible avec le libéralisme.

De ce qu'est l'individu humain, on ne peut pas déduire quels statuts il convient de lui attribuer, car il ne se confond pas

---

1. J.-F. Spitz, *La liberté politique : Essai de généalogie conceptuelle*, Paris, PUF, 1995, chap. 11.

2. J. Rawls, *Théorie de la justice* (1971), Paris, Seuil, 1997, § 84 et 85.

3. M. Sandel, *Le Libéralisme et les limites de la justice* (1982), Paris, Seuil, 1999.

4. J. Rawls, *Libéralisme politique* (1993), Paris, PUF, 1995, p. 52-53.

avec le citoyen, la personne ou le sujet. C'est pourquoi on peut, comme le fait Fouillée[1], à la fois nier toute valeur à l'individu humain, simple donnée naturelle, et reconnaître la valeur de la personne, produite par les normes sociales de justice.

Qui sont les individus de la politique? Nous avons défendu, en guise de réponse à cette question, deux thèses principales.

1) Différentes réalités politiques, situées à divers niveaux de composition, sont des individus ontologiques. Un homme, une association, une cité, un État sont, à des degrés variables et relativement à des propriétés différentes, des individus.

2) À chaque individu humain correspondent, du point de vue politique, plusieurs individus ontologiques, délimités par les différents statuts politiques qui lui sont attribués et qui lui confèrent différentes propriétés normatives. Ces individus se recoupent partiellement sans coïncider exactement.

Nous avons également réfuté les deux postulats pouvant justifier que l'on ignore cette question : l'individu humain n'est pas le seul individu de la politique, et l'ontologie porte des enjeux pratiques décisifs. La légitimité comme l'efficacité des arrangements politiques dépendent en partie de leur individuation, et les idéaux normatifs s'appuient sur des conceptions de l'individu, même si celles-ci ne sauraient suffire à les justifier[2].

Charles GIRARD

1. A. Fouillée, *La Propriété sociale et la démocratie* (1884), Paris, Le bord de l'eau, 2008; J.-F. Spitz, *Le Moment républicain en France*, Paris, Gallimard, 2005, chap. 1 et 3.

2. Je remercie F. Hulak, Th. Pradeu et P. Ludwig pour leurs remarques sur une première version de ce texte.

INDIVIDU ET INDIVIDUALISME
DANS LES SCIENCES SOCIALES

La notion d'« individu » apparaît dans trois problématiques sociologiques, en plus d'être employée, au titre de mot du langage ordinaire, dans bien d'autres débats. D'abord, la problématique de l'*individualisme méthodologique*, qui concerne la détermination du niveau d'analyse pertinent des faits sociaux. L'individualisme méthodologique est un paradigme qui affirme qu'une explication sociologique est satisfaisante si elle a identifié les comportements individuels qui sous-tendent un phénomène collectif. Par ailleurs, la notion d'« individu » est présente dans le débat portant sur l'*individualisation*. Une hypothèse avancée par certains sociologues est que la modernité rend les individus de plus en plus autonomes, alors que le poids des contraintes collectives était antérieurement plus marqué. Enfin, la notion d'« individu » est constitutive de la problématique de l'*identité*. Celle-ci s'interroge notamment sur le rapport entre les identités individuelles et collectives, sur la possibilité pour un individu d'être porteur d'identités « multiples », ou encore sur le caractère plus ou moins fluctuant des identités dans le temps. Nous présenterons successivement ces trois problématiques, puis nous examinerons brièvement les rapports qu'elles entretiennent.

L'INDIVIDUALISME MÉTHODOLOGIQUE
ET SES RIVAUX

L'individualisme méthodologique (IM) défend l'idée que pour expliquer un fait social, il convient de remonter aux comportements des individus concernés par le fait social en question. Les phénomènes collectifs sont en d'autres termes considérés par lui comme le résultat de l'*agrégation* de multiples actions individuelles. Selon l'IM, tout événement ou processus social possède des micro-fondations, que la tâche du sociologue est de mettre au jour. Il s'oppose aux approches qui soutiennent que le monde social est – selon l'expression de Durkheim – *sui generis*, c'est-à-dire que les propriétés collectives sont indépendantes des individus, et qui impliquent que l'analyse soit située d'emblée au niveau macroscopique[1]. Ceci n'empêche pas l'IM de reconnaître l'importance des facteurs globaux dans l'explication sociologique. Toute action prend place dans un *système d'interaction*, qui suppose que les acteurs s'influencent mutuellement[2]. L'IM refuse cependant de conférer à ce système d'interaction une existence autonome.

---

1. E. Durkheim, *Les règles de la méthode sociologique* (1895), Paris, Flammarion, 1988.
2. R. Boudon, *La Logique du social*, Paris, Hachette, 2001. Les notions d'« individu » et d'« acteur » seront considérées comme synonymes dans cet article, comme c'est habituellement le cas dans l'IM.

L'IM s'applique selon ses partisans dans toutes les disciplines des sciences humaines : sociologie, mais aussi démographie, linguistique ou économie. En économie, il est le paradigme dominant, et l'a été sous une forme ou une autre depuis les origines de cette discipline. La théorie de la « main invisible » d'Adam Smith suppose par exemple une conception individualiste du fonctionnement des marchés[1]. L'IM peut être appliqué aussi bien à l'explication d'événements singuliers, comme les révolutions ou les crises boursières, qu'à des phénomènes de plus long terme, comme la formation des bureaucraties ou le terrorisme[2]. Le créateur de l'expression « individualisme méthodologique » est l'économiste Joseph Schumpeter, qui l'emploie dès 1908[3]. Schumpeter était l'élève du sociologue qui passe pour être le véritable fondateur de l'IM, à savoir Max Weber. Celui-ci affirme dans une lettre célèbre de 1920 à l'économiste Lietman : « La sociologie, elle aussi, ne peut procéder que des actions d'un, de quelques ou de nombreux individus séparés. C'est pourquoi elle se doit d'adopter des méthodes strictement "individualistes" »[4]. Hormis Weber et Schumpeter, Tocqueville, Georg Simmel, Carl Menger, Karl Popper et Friedrich von Hayek mettent à contribution l'IM. Les plus connus des individua-

---

1. A. Smith, *La Richesse des nations* (1776), Paris, Flammarion, 1999.

2. Voir respectivement J. Baechler, *Les Phénomènes révolutionnaires*, Paris, La Table ronde, 2006 ; A. Orléan, *Le Pouvoir de la finance*, Paris, Odile Jacob, 1999 ; M. Crozier, *Le Phénomène bureaucratique*, Paris, Seuil, 1971 ; D. Gambetta, « Reason and Terror », *The Boston Review*, 29 (2), 2004, p. 32-36.

3. Voir J. Schumpeter, *Das Wesen und der Hauptinhalt der theoretischen Nationalökonomie*, Leipzig, Duncker et Humboldt, 1908.

4. W. Mommsen, « Max Weber's Political Sociology and Philosophy of World History », *International Social Science Journal*, vol. 17, 1965, p. 23-45.

listes contemporains sont James Coleman, Gary Becker, Herbert Simon, Raymond Boudon, Jon Elster, Thomas Schelling et Peter Abell.

Trois éléments doivent être ajoutés à la définition de l'IM que nous avons proposée. L'IM soutient que les faits sociaux résultent de l'agrégation de comportements individuels. Ceci ne signifie toutefois pas que le niveau collectif constitue l'exact « reflet » du niveau individuel, ou que les faits sociaux soient une simple « somme » de faits individuels. L'un des concepts importants de l'IM est celui d'*effet émergent*. Il désigne les situations collectives qui ne sont pas recherchées par les acteurs, mais qui découlent de leur interdépendance. Il est rare que le résultat de l'activité des individus soit conforme à leurs intentions. Car le système d'interaction fait souvent « dévier » leurs comportements, donnant de ce fait lieu à des conséquences imprévues. Un cas d'effet émergent intéressant est celui des « prophéties auto-réalisatrices » (*self-fulfilling prophecies*) décrites par Robert Merton[1]. Une rumeur se répand concernant la possible insolvabilité d'une banque. Tous ses clients se présentent aux guichets afin de retirer leur argent avant qu'elle ne fasse faillite. L'agrégation de ces comportements met la banque en situation d'insolvabilité réelle. La croyance initialement infondée en l'insolvabilité de la banque produit donc les conditions de sa propre réalisation. Bien entendu, cette conséquence n'était pas recherchée par les acteurs. Elle est un « effet émergent » résultant de l'agrégation de multiples actions individuelles[2].

1. R. Merton, *Éléments de théorie et de méthode sociologique* (1968), Paris, Armand Colin, 1997.
2. Pour d'autres exemples, voir R. Boudon, *Effets pervers et ordre social*, Paris, PUF, 1977.

Un deuxième élément à ajouter à la définition de l'IM concerne la *modélisation*. Selon l'IM, une explication satisfaisante suppose de mettre au jour les actions individuelles qui sous-tendent un événement ou processus collectif. Mais comment y parvenir lorsque des milliers d'individus sont concernés? Faut-il analyser le détail de l'activité de chacun des protagonistes d'une révolution pour espérer comprendre les mécanismes qui l'ont déclenchée? Certes non. La modélisation des comportements joue au sein de l'IM un rôle décisif. Par «modélisation», il faut entendre la représentation simplifiée, à la fois empiriquement plausible et heuristiquement féconde, d'une portion de la réalité sociale, qui permet d'en comprendre le fonctionnement. L'idée sous-jacente est que la réalité sociale est trop complexe pour être appréhendée «en elle-même». La forme de modélisation la plus connue en sociologie est celle des *types idéaux* – ou «idéal-types» – un procédé élaboré par Max Weber[1]. Les types idéaux sont des représentations «stylisées» du monde social. Le sociologue sélectionne parmi les caractéristiques du phénomène qu'il étudie celles qui lui paraissent les plus «typiques». Il les confronte ensuite à des cas réels du même phénomène afin de parvenir à une représentation aussi précise que possible. Weber a par exemple proposé un célèbre type idéal de «protestant ascétique» dans son analyse consacrée à *L'éthique protestante et l'esprit du capitalisme*[2].

Un troisième élément à ajouter à la définition de l'IM a trait à son rapport avec la *rationalité*. En principe, l'IM est neutre

---

1. M. Weber, *Essais sur la théorie de la science* (1904-1917), Paris, Plon, 1992.
2. M. Weber, *L'Éthique protestante et l'esprit du capitalisme* (1904-1905), Paris, Pocket, 1989.

en ce qui concerne les caractéristiques des acteurs. Ceux-ci peuvent être considérés comme rationnels ou irrationnels, égoïstes ou altruistes[1]. Il existe cependant une affinité entre l'IM et les analyses qui mettent l'accent sur la rationalité des individus. La raison de cette connivence entre individualisme et « rationalisme » est simple, elle avait déjà été identifiée par Max Weber[2]. Lorsque l'on cherche à comprendre le comportement des acteurs, il est plus aisé de se demander d'abord ce qu'un individu rationnel aurait fait dans telle situation, et de mesurer ensuite l'écart qui sépare ce comportement rationnel supposé du comportement réel observé. Dans l'opération de « compréhension » de l'activité sociale, les raisons des acteurs précèdent donc leurs émotions ou leurs sentiments.

Reste bien entendu à déterminer ce que « rationnel » signifie. On peut ranger les conceptions de la rationalité qui ont cours au sein de l'IM en deux catégories. La première renferme la théorie du choix rationnel (*rational choice theory*) au sens strict, connue également sous le nom de modèle de l'« utilité espérée » ou de modèle « néo-classique ». Les tenants de cette acception de la rationalité conçoivent les acteurs en termes d'*homo œconomicus*, c'est-à-dire d'individus dont l'objectif est de minimiser les coûts de leurs actions et d'en maximiser les bénéfices[3]. L'expression la plus aboutie de

---

1. J. Elster soutient cependant que l'égoïsme précède logiquement l'altruisme – ce dernier étant selon lui un égoïsme inversé – ce qui plaide en faveur de modèles fondés sur la volonté de maximisation de leurs bénéfices par les acteurs. Voir J. Elster, *Nuts and Bolts for the Social Sciences*, Cambridge, Cambridge UP, 1989.

2. M. Weber, *Essais sur la théorie de la science*, *op. cit.*

3. Pour une analyse de ce courant, voir P. Demeulenaere, *Homo œconomicus. Enquête sur la constitution d'un paradigme*, Paris, PUF, 1996.

cette conception se trouve dans le monumental *Foundations of Social Theory* de James Coleman, la plus radicale dans *Human Capital* de Gary Becker, qui a généralisé le modèle de l'*homo œconomicus* à tous les domaines de la vie sociale, y inclus le choix du conjoint[1]. Le second groupe de théories repose sur des approches plus souples de la rationalité. Herbert Simon soutient ainsi que les individus agissent sur la base d'une rationalité « bornée » (*bounded*)[2]. La limitation de leurs capacités cognitives, ainsi que le caractère restreint du temps à leur disposition, les empêchent d'acquérir une information parfaite pour effectuer un choix entre actions possibles. Raymond Boudon affirme quant à lui que la rationalité s'applique non seulement aux comportements, mais également aux valeurs, qu'il serait absurde d'aborder en termes de calcul coûts-bénéfices[3]. Jon Elster s'est interrogé sur le rapport entre la rationalité et les émotions, et particulièrement sur la façon dont celles-ci constituent un support pour les normes sociales[4].

L'importance qu'accorde l'IM à la rationalité donne une indication concernant la conception de l'individu qui sous-tend ce paradigme. Ce qui distingue une raison d'une cause, c'est que l'individu y a en principe accès. Ceci implique qu'une caractéristique importante de l'individualité selon l'IM est sinon la complète transparence à soi-même de l'individu, du

1. J. Coleman, *Foundations of Social Theory*, Cambridge (Mass.), Belknap Press, 1990 ; G. Becker, *Human Capital. A Theoretical and Empirical Analysis*, Chicago, Chicago UP, 1993.

2. H. Simon, *Models of Bounded Rationality*, Cambridge (Mass.), MIT Press, 1982.

3. R. Boudon, *Raisons, bonnes raisons*, Paris, PUF, 2003.

4. J. Elster, *Alchemies of the Mind. Rationality and the Emotions*, Cambridge, Cambridge UP, 1999.

moins sa capacité à connaître ses états mentaux – croyances, désirs, intentions – et à agir à partir d'eux. En ce sens, une forme de *réflexivité*, définie comme la conscience des motifs de ses propres actions, est attribuée par l'IM aux individus.

Afin de comprendre la manière dont les trois caractéristiques de l'IM que nous avons évoquées – effets émergents, modélisation et rationalité – interagissent, considérons un cas concret, tiré de la sociologie des mobilisations collectives. Mancur Olson, l'un des principaux représentants de l'IM, a mis en lumière un paradoxe qui a suscité de nombreux débats[1]. Celui-ci est connu sous le nom de «paradoxe de l'action collective», et peut être énoncé comme suit: il est peu probable qu'un groupe de personnes possédant un intérêt commun, et qui est conscient de cet intérêt, se mobilise afin de le faire advenir. Même dans les cas où les bénéfices d'une action collective sont avérés, le plus probable est que les individus ne s'organisent pas pour l'obtenir. Le résultat de l'action collective, c'est-à-dire ce en faveur de quoi les individus se mobilisent, est un bien public. Par définition, tout un chacun peut jouir d'un bien public, indépendamment de sa participation ou non à la mobilisation. La théorie du choix rationnel suppose que chaque individu désire augmenter ses bénéfices et diminuer les coûts induits par ses actions. Dans ces conditions, le plus rationnel pour un acteur est de ne pas participer à l'action collective, de sorte à ne pas en supporter les coûts, de laisser les autres acteurs obtenir le bien public, et d'en engranger les bénéfices. Chaque individu effectuant le même raisonnement, la mobilisation n'a pas lieu. Le problème qui se trouve au principe du paradoxe de l'action collective est celui

---

1. M. Olson, *La Logique de l'action collective*, Paris, PUF, 1978.

du *free rider*, que l'on traduit généralement par « cavalier seul » ou « billet gratuit ». Cette expression désigne les cas où un individu jouit d'un bien collectif sans s'être acquitté des coûts qu'il implique.

Les trois caractéristiques de l'IM identifiées ci-dessus sont présentes dans cet exemple. L'absence de mobilisation est un effet émergent qui ne correspond pas aux intentions des acteurs, l'intérêt de chacun étant que la mobilisation ait lieu sans que lui-même y participe. Par ailleurs, la modélisation de leur comportement sert à contourner la tâche matériellement impossible consistant à prendre en considération chaque individu dans sa singularité. Enfin, le comportement des acteurs repose sur une forme de rationalité, Olson étant un partisan de la conception « stricte » de cette notion.

Les paradigmes sociologiques se posent en s'opposant, ce qui implique que leur compréhension suppose d'examiner les positions de leurs adversaires. Qui sont les rivaux de l'IM ? Le plus connu est le holisme. Ce terme vient du grec *holos*, qui signifie « entier ». Contrairement à l'IM, le holisme considère que le social n'est pas réductible à l'individuel, car – pour reprendre une expression souvent employée – la totalité sociale est plus que la somme de ses parties, à savoir les individus. Les holistes s'accordent avec l'IM sur l'idée que la société est composée d'individus, point de vue qu'ils partagent avec tous les paradigmes classiques de la sociologie. Selon eux, leur activité se stabilise cependant durablement à l'échelle macroscopique, ce qui confère au social une existence propre. Ceci les conduit à défendre une forme de *réalisme* sociologique susceptible d'admettre, par exemple, l'existence de lois – déterministes ou probabilistes – du développement historique, ou d'attribuer aux groupes sociaux une conscience collective indépendante de celle de leurs membres. Les holistes considèrent qu'il existe non seulement des acteurs individuels, mais également des acteurs collectifs. Ceux-ci se distinguent des « systèmes d'interaction » dont les partisans de l'IM reconnaissent l'existence en ceci qu'ils sont dotés d'une intentionnalité collective[1]. Cette caractéristique du holisme le rend irréductiblement différent de l'IM sur le plan théorique, même si des convergences peuvent parfois être constatées dans l'analyse de phénomènes sociaux concrets.

Hormis Durkheim, les holistes les plus connus sont Karl Marx, Auguste Comte, Pierre Bourdieu et John Searle. Il est intéressant de constater qu'une forme nouvelle de holisme est apparue récemment, sous l'influence de l'œuvre de Wittgenstein, et particulièrement du débat concernant la notion de « règle »[2]. L'idée – d'abord énoncée par Saul Kripke[3] – qui se trouve au fondement de ce néo-holisme est que l'usage correct d'une règle ne peut être déterminé à l'échelle individuelle, et qu'il faut pour cela une communauté d'usagers de la règle. Parmi les contributions intéressantes à l'élaboration de ce point de vue figurent notamment celles de Philip Pettit et de Vincent Descombes[4].

---

1. Pour une défense contemporaine de ce point de vue, voir J. Searle, *La Construction de la réalité sociale*, Paris, Gallimard, 1998. À noter que la notion d'« individu collectif », parfois employée par les philosophes, est étrangère aux sciences sociales. Voir V. Descombes, « Les individus collectifs », art. cit., et la contribution de Ch. Girard, p. 177-203.

2. P. Engel, « The Norms of the Mental : Are They Social ? », *Mind and Society*, 2 (3), 2002 ; R. Keucheyan, « Durkheim, Wittgenstein et les normes de la pensée », *Diogène* (à paraître).

3. S. Kripke, *Règles et langage privé*, Paris, Seuil, 1996.

4. Voir P. Pettit, *The Common Mind. An Essay on Psychology, Society and Politics*, Oxford, Oxford UP, 1996 ; V. Descombes, *Le Complément de sujet. Enquête sur le fait d'agir de soi-même*, Paris, Gallimard, 2004.

Un second rival de l'IM est l'*infra-individualisme*. Celui-ci soutient que le niveau d'analyse pertinent du monde social n'est ni l'individu, ni le collectif, mais les processus infra-individuels ou sub-intentionnels. Selon ses partisans, c'est « en-dessous » de l'individu qu'il convient de se placer afin d'identifier les mécanismes générateurs de l'activité sociale. On peut évoquer deux variantes d'infra-individualisme, qui se distinguent par le type de processus sub-intentionnels qu'elles proposent de prendre en considération. La première est l'infra-individualisme *naturaliste*, dont Dan Sperber est un représentant. Sperber affirme que ce n'est pas l'individu mais l'*organisme* – au sens biologique – qui doit constituer l'unité analytique fondamentale du social [1]. Selon Sperber, les découvertes récentes concernant le fonctionnement du cerveau humain, et le programme de recherche « cognitiviste » auquel elles ont donné lieu, bouleversent les catégories que nous employons pour analyser les faits sociaux. Il propose de ce fait de renoncer à l'IM, et de développer une « épidémiologie des représentations » d'inspiration naturaliste.

La seconde variante d'infra-individualisme est l'infra-individualisme *dispositionnel*, élaboré notamment par Bernard Lahire [2]. Lahire s'inscrit dans la filiation de la sociologie de Pierre Bourdieu. Selon lui, la possession par les individus d'un « habitus » unique et cohérent, contrairement à ce qu'affirme Bourdieu, est un cas limite qui s'actualise rarement dans le monde social. Les acteurs manifestent des dispositions souvent

1. D. Sperber, « Individualisme méthodologique et cognitivisme », dans R. Boudon, F. Chazel et A. Bouvier (éds.), *Cognition et sciences sociales*, Paris, PUF, 1997.

2. B. Lahire, *L'Homme pluriel. Les ressorts de l'action*, Paris, Nathan, 1998.

dissonantes, susceptibles de s'exprimer ou de s'inhiber selon le contexte dans lequel ils se trouvent. Les variations intra-individuelles sont donc la règle plutôt que l'exception, et ce qu'il convient dès lors d'expliquer est le rapport entre les dispositions individuelles et les phénomènes macroscopiques. L'intérêt de Lahire se porte avant tout sur le rapport entre l'infra-individuel et le supra-individuel, mais non sur l'individuel comme tel.

INDIVIDU ET MODERNITÉ

Une deuxième problématique sociologique dans laquelle apparaît la notion d'«individu» est celle de l'*individualisation*[1]. Cette problématique n'est pas méthodologique comme la précédente (même si elle a des implications de cet ordre), mais relative à l'ontologie du monde social. Selon certains sociologues, la modernité a rendu les individus de plus en plus autonomes. Alors que le poids des contraintes collectives dans les sociétés pré-modernes était important, elle a permis aux individus de s'en émanciper. «Individualisation» signifie en l'espèce que l'individu tel que nous le concevons aujourd'hui est une création moderne, qu'il serait erroné de penser en termes a-historiques. Certes, du point de vue biologique, l'individu humain précède de beaucoup l'époque moderne. Ce qui intéresse les sociologues au premier chef n'est cependant pas la biologie, mais ce qu'elle rend possible sur le plan culturel. Ce qu'elle rend possible, c'est l'émergence progres-

---

1. Pour une vue d'ensemble, voir D. Martuccelli, *Grammaires de l'individu*, Paris, Gallimard, 2002.

sive d'un individu doté d'une subjectivité propre, et prenant de manière relativement autonome les décisions qui influent sur son destin. L'idée selon laquelle l'individu est une construction historique n'est pas réservée aux sociologues. Michel Foucault et Charles Taylor – pour évoquer deux penseurs relevant de traditions philosophiques différentes – en ont chacun soutenu une version [1].

La thématique de l'individualisation est aussi ancienne que la sociologie. Ses origines remontent à une distinction présente chez la plupart des classiques de la discipline, à savoir la distinction entre « communauté » et « société » [2]. Les « communautés » pré-modernes sont restreintes en nombre d'individus, et imposent aux comportements de ces derniers des contraintes fortes. Les « sociétés » modernes se caractérisent au contraire par la dimension impersonnelle des relations sociales, et par une émancipation tendancielle des individus à l'égard des attaches claniques. Selon Max Weber, la modernité s'accompagne d'un processus de « désenchantement du monde », également appelé « rationalisation », qui conduit à la montée en puissance des comportements rationnels [3]. Cette rationalisation est l'occasion pour l'individu de se délivrer progressivement de la « tradition ». Georg Simmel met l'accent sur le rôle de l'argent dans l'apparition de l'individualisme [4]. L'argent permet la mobilité de celui qui le possède, contrairement aux biens immobiliers comme la terre ou les bâtiments.

1. M. Foucault, *Le Souci de soi. Histoire de la sexualité*, vol. 3, Paris, Gallimard, 1984; Ch. Taylor, *Les Sources du moi. La formation de l'identité moderne*, Paris, Seuil, 1998.

2. R. A. Nisbet, *La Tradition sociologique*, Paris, PUF, 1984.

3. M. Weber, *Économie et société* (1922), t. I, Paris, Pocket, 2003.

4. G. Simmel, *Philosophie de l'argent* (1900), Paris, PUF, 1987.

Il rend de ce fait possible la «déterritorialisation» des individus, c'est-à-dire leur affranchissement par rapport aux servitudes de la localité[1]. En outre, comme l'avait déjà perçu Marx, la monnaie est un équivalent général, qui incite à la mise en rapport de toutes choses. Selon Simmel, l'égalitarisme qui sous-tend l'individualisme est corrélé à la diffusion de cet équivalent.

Si nombre de sociologues s'accordent sur l'existence d'un processus d'individualisation, des divergences se font jour quant à ses causes. Considérons trois positions relatives à ce problème, celles d'Émile Durkheim, Norbert Elias et Robert Castel. Chez Durkheim, la distinction entre pré-modernité et modernité est conçue par l'entremise de l'opposition entre les sociétés à «solidarité mécanique» et les sociétés à «solidarité organique», où la notion de «solidarité» désigne le type de lien social[2]. La solidarité mécanique est une solidarité par similitude. Les individus se distinguent peu les uns des autres, au sens où ils adhèrent aux mêmes croyances et éprouvent des émotions analogues. La solidarité organique est au contraire une solidarité par différenciation. Dans ce type de société, les croyances divergent, alors que les fonctions sociales que les individus sont susceptibles d'exercer se multiplient. Ces deux formes de solidarité sont rattachées par Durkheim à deux modes d'organisation sociale. La solidarité mécanique prévaut dans les sociétés «primitives» (pré-modernes), alors que la solidarité organique a cours dans les sociétés modernes.

---

1. Un argument analogue pour l'époque actuelle est développé par L. Boltanski et E. Chiapello, *Le Nouvel esprit du capitalisme*, Paris, Gallimard, 1999.

2. É. Durkheim, *De la division du travail social* (1893), Paris, PUF, 1998.

Le mécanisme qui explique le passage de la solidarité mécanique à la solidarité organique est la *division du travail social*. À mesure que les sociétés se développent, leur population augmente. Compte tenu de la rareté des ressources, cette augmentation crée un risque de conflit. La division du travail social, c'est-à-dire la diversification progressive des statuts sociaux, est une solution pacifique à ce risque, qui permet à chaque personne de contribuer de manière différenciée au fonctionnement de la société. Or, la division du travail est synonyme d'individualisation. Elle tend à faire diverger les fonctions sociales, et par conséquent à conférer au destin de chacun des caractères propres. L'individu naît de ce processus. La principale cause de l'individualisation est donc à trouver, selon Durkheim, dans la division du travail social. Selon le sociologue, l'individualisation n'est d'ailleurs pas réservée aux sociétés modernes. Une division du travail s'enclenche aussitôt qu'une organisation sociale se met en place. Puisque l'individualisation résulte de la division du travail, cela signifie qu'elle débute elle aussi aux premiers signes d'organisation sociale. Dès lors, dit Durkheim, il faut concevoir l'individualisation comme un phénomène qui « ne commence nulle part, mais qui se développe, sans s'arrêter, tout le long de l'histoire »[1].

Norbert Elias a proposé une explication de l'individualisation distincte de celle de Durkheim. Dans *La société des individus*, Elias soutient que l'émergence de l'individu est le fruit du « processus de civilisation » qu'ont subi les sociétés occidentales depuis le XVIIe siècle[2]. Selon Elias,

---

1. É. Durkheim, *De la division du travail social*, *op. cit..*, p. 146.
2. N. Elias, *La Société des individus* (1939), Paris, Fayard, 1991.

l'histoire de l'Occident se caractérise par une tendance à la pacification des mœurs, c'est-à-dire à l'imposition aux individus de normes sociales strictes proscrivant l'expression de la violence. L'émergence du sport moderne est un indicateur de cette tendance. Elle montre que la dépense physique a progressivement fait l'objet d'une réglementation empêchant toute « montée aux extrêmes ». Ce qu'Elias nomme « processus de civilisation », c'est l'émergence d'un habitus moderne basé sur l'autocontrôle rigoureux des affects.

Les conséquences de la civilisation des mœurs sont considérables. Selon Elias, ce processus a suscité l'émergence de l'individu moderne. L'intériorisation des normes sociales a instauré une coupure entre l'« intériorité » de l'individu et le monde extérieur. Cette coupure a donné lieu à l'apparition du « moi », c'est-à-dire à une conscience de soi ou un « for intérieur » perçu par l'individu comme autonome. La discipline que s'impose l'individu pour réprimer ses pulsions « dilate » son intériorité, et engendre une perception de soi comme entité autonome. La civilisation des mœurs étant à l'origine de cette discipline, elle est également à l'origine de la naissance de l'individu moderne[1].

Un troisième mécanisme explicatif de l'individualisation a été identifié par Robert Castel. Castel soutient que l'émergence de l'individu au cours de l'époque moderne a bénéficié d'une série de « supports sociaux »[2]. Le premier support auquel elle s'est adossée est la propriété privée. Selon John

---

1. La position d'Elias est influencée par S. Freud, *Malaise dans la civilisation* (1929), Paris, PUF, 2004.

2. R. Castel et C. Haroche, *Propriété privée, propriété sociale, propriété de soi. Entretiens sur la construction de l'individu moderne*, Paris, Fayard, 2001.

Locke, le principal théoricien de cette première forme d'individualisme, la propriété privée est le critère de l'absence de
dépendance envers autrui, c'est-à-dire le critère de l'individualité. L'individualisme lockéen, comme d'ailleurs celui
de Hobbes, est en ce sens un individualisme « possessif »[1] qui
fait de la propriété de soi une fonction de la propriété privée,
ou qui envisage ces deux types de propriété dans un même
mouvement.

Cette conception de l'individu exclut cependant
l'écrasante majorité de la population, qui ne possède pas de
propriété privée. À partir de la seconde moitié du XIXe siècle,
une nouvelle forme de propriété apparaît, qui permet au plus
grand nombre d'accéder à l'individualité : la propriété *sociale*.
L'État se constitue alors en « support social » de l'individu, et
pallie ainsi la rareté de la propriété privée. Par l'entremise des
assurances sociales, il socialise les risques inhérents au travail,
à la santé et à la vieillesse. En garantissant un revenu aux
individus, il les libère également de la quotidienneté la plus
immédiate, et leur permet d'élaborer des projets de long
terme. Selon Castel, une maîtrise minimale du temps, c'est-
à-dire la capacité à se projeter dans l'avenir, est une condition
nécessaire de l'individualité. L'ère de l'État social s'étend
jusqu'à la seconde moitié des années 1970. Son affaiblisse-
ment progressif du fait de la « mondialisation » conduit à la
précarisation massive des individus[2].

Division du travail social, processus de civilisation et
supports sociaux. Trois facteurs d'individualisation dont le

1. C.B. MacPherson, *La Théorie politique de l'individualisme possessif.
De Hobbes à Locke*, Paris, Gallimard, 2004.
2. Ph. Corcuff, *Les Nouvelles sociologies*, Paris, Armand Colin, 2007.

principal point commun est peut-être de mettre en question la conception dominante de l'individu qui a cours dans la philosophie politique moderne, à savoir la conception libérale[1]. Durkheim, Elias et Castel, tout en insistant sur les facteurs de longue durée qui influent sur lui, ne nient pas l'existence de l'individu. Contrairement au libéralisme « standard », tel qu'il s'exprime par exemple dans les débats contemporains concernant la justice sociale, ils refusent cependant de le considérer comme une entité non problématique, sur laquelle il serait commode de fonder une théorie – descriptive ou normative – du monde social. Ces sociologues partagent l'idée que l'individu est le résultat d'un processus, et non un point de départ. Une conséquence de cette idée est que l'ontologie de l'individu est forcément une ontologie *historique*, c'est-à-dire que ce qui « compte comme » un individu varie à travers le temps. Dans la mesure où l'individu est le produit de processus sociaux évolutifs, il est lui-même sujet à transformations. Ces transformations ne résultent pas d'évolutions internes – physiques ou psychologiques – à l'individu. Elles résultent d'évolutions exogènes, qui surviennent dans la structure des sociétés. De ce point de vue, ce qui confère son individualité à l'individu, c'est le monde social. En outre, comme on va le voir dans la section suivante, le mode d'existence des individus est tributaire de la manière dont ils sont catégorisés. Ceci implique que l'évolution des représentations sociales les concernant a un impact sur eux[2].

1. Voir la contribution de Ch. Girard, p. 177-203.
2. Sur la notion d'« ontologie historique », voir I. Hacking, *Historical Ontology*, Cambridge (Mass.), Harvard UP, 2002.

TROIS CONCEPTS D'IDENTITÉ

Une troisième problématique dans laquelle est présente la notion d'«individu» est celle de l'identité. L'identité est l'un des concepts les plus discutés dans la sociologie contemporaine[1]. Il s'agit cependant initialement d'un concept philosophique, qui n'est apparu dans les sciences sociales qu'au cours des années 1950. Le débat sociologique à son propos est largement surdéterminé par la façon dont il fut posé par les philosophes modernes de l'identité, au premier rang desquels Locke et les empiristes britanniques[2]. Pour Locke, le critère de l'identité personnelle est la continuité mémorielle. Un individu à t_1 est le même individu qu'à t_0 s'il se souvient avoir été cet individu[3]. Ce critère s'oppose à deux autres possibles : le critère corporel, selon lequel l'identité résulte de la continuité physique de la personne, et le critère substantiel, selon lequel l'identité a pour condition l'existence d'une «substance» – par exemple l'âme – irréductible aux états mentaux. La conception de l'identité de Locke, au même titre que celle de Hume, est anti-substantialiste, en ceci qu'elle n'admet pas la présence d'une substance de ce type au fondement de l'identité[4].

---

1. R. Brubaker, «Au-delà de l'identité», *Actes de la recherche en sciences sociales*, 139, 2001, p. 66-85.

2. R. Keucheyan, *Le Constructivisme. Des origines à nos jours*, Paris, Hermann, 2007.

3. Voir la contribution de É. Baget, p. 151-175.

4. P. Engel, *Introduction à la philosophie de l'esprit*, Paris, La Découverte, 1994. Voir aussi P. Engel, «L'unité de l'identité et la pluralité des individuations», dans E. Carosella *et alii* (éds.), *L'Identité changeante de l'individu*, Paris, L'Harmattan, 2008.

Dès l'origine, la problématique sociologique de l'identité se structure autour de la question du « substantialisme ». Y a-t-il au fondement de l'identité une « substance » qui en constitue le substrat, et si oui, de quel ordre est-elle ? Les identités sont-elles au contraire le fruit de processus de « construction sociale » contingents et fluctuants ? D'un point de vue historique, les théories sociologiques de l'identité vont du plus « substantialiste » au plus « constructiviste ». Lorsque ce concept commence à être employé dans les sciences sociales, la théorie dominante le concernant est la théorie *culturaliste*. Selon les culturalistes, l'identité d'un individu consiste pour l'essentiel en l'identité de la culture dans laquelle il évolue. Dans cette perspective, il n'existe pas à proprement parler d'identité personnelle. Il n'existe que des identités sociales ou culturelles. Le culturalisme a ceci de « substantialiste » qu'il considère qu'une fois acquise par l'individu, l'identité demeure relativement stable tout au long de son existence.

Les travaux d'Abram Kardiner illustrent cette première conception de l'identité[1]. Kardiner distingue deux types d'institutions sociales : les institutions primaires et les institutions secondaires. Les premières regroupent les institutions que l'individu rencontre au début de sa vie, par exemple la famille. Les institutions secondaires sont plus tardives, elles incluent notamment l'école et la religion. La notion d'institution primaire a inspiré à Kardiner le concept de *personnalité de base*. Celui-ci désigne l'ensemble des traits psychologiques dont un individu hérite des institutions primaires dans lesquelles il évolue. Ainsi, si la famille étatsunienne encourage l'individualisme de l'enfant dès son plus jeune âge, son

---

1. A. Kardiner, *L'Individu dans sa société* (1939), Paris, Gallimard, 1969.

identité manifestera cette caractéristique lorsqu'il deviendra adulte. La personnalité de base a deux propriétés principales : elle s'impose « par le haut » à tous les membres de la société considérée, et elle détermine fortement les comportements et les croyances qu'adoptent les individus ultérieurement.

La théorie culturaliste de l'identité peut faire l'objet de plusieurs critiques. La plus évidente est qu'elle ne rend pas compte de la complexité des trajectoires sociales dans les sociétés modernes. Au sein de ces dernières, les acteurs subissent une pluralité d'influences, qui résultent de leurs nombreuses insertions sociales. Il est par conséquent problématique de soutenir qu'un seul facteur détermine intégralement leur personnalité. Certains groupes auxquels appartient l'individu influent sans doute davantage sur son identité que d'autres. Mais il est peu probable qu'ils contraignent la personnalité des acteurs au point de faire d'eux les porteurs d'une seule identité.

Un constat de cet ordre a conduit certains sociologues à développer une deuxième théorie de l'identité, à savoir la théorie de l'identité « multiple »[1]. Cette théorie soutient que les individus appartenant à plusieurs groupes sociaux, dont chacun leur confère une identité spécifique, ils disposent de plusieurs identités. L'individu est en d'autres termes conçu comme « poly-identitaire », chacune de ses identités se manifestant alternativement selon le contexte dans lequel il se trouve. Une version de cette théorie peut être trouvée chez Alain Caillé[2]. Selon Caillé, tout acteur relève de trois « zones

1. J. Elster (ed.), *The Multiple Self*, Cambridge, Cambridge UP, 1987.

2. A. Caillé, « La société civile mondiale qui vient », dans J.-L. Laville (éd.), *Associationnisme, démocratie et société civile*, Paris, La Découverte, 2001.

d'appartenance ». La première est composée des « réseaux de sociabilité primaire », qui regroupent la famille ou l'entreprise dans laquelle il travaille. La deuxième zone est le « macrosujet collectif », qui désigne les entités politiques ou religieuses auxquelles il se sent appartenir. La troisième zone est l'humanité entière. Or, à chacune de ces zones correspond une identité, qui apparaît en fonction du type d'activité dans lequel l'individu est engagé.

La possession par un individu de plusieurs identités est susceptible de générer des « conflits identitaires ». Les injonctions que ces identités imposent à ses comportements sont parfois contradictoires. Par exemple, un « dirigeant d'entreprise » qui est aussi « père de famille » est placé devant l'alternative de rester travailler après une certaine heure, ou de rentrer chez lui afin de consacrer du temps à ses enfants. Des conflits identitaires de ce type se révèlent souvent difficiles à gérer sur le plan psychologique. Ils constituent de plus en plus la norme dans les sociétés contemporaines, dont la complexification croissante multiplie les situations de cet ordre. Une troisième conception de l'identité, la conception *constructiviste*, prend ce constat pour point de départ. Les constructivistes insistent sur la part active que prennent les individus dans le développement de leur identité, alors que les culturalistes, on l'a vu, soulignent plutôt leur passivité. Placé devant des injonctions identitaires contradictoires, l'individu est forcé de choisir. Continuer à travailler ou consacrer du temps à ses enfants après une certaine heure est une alternative inéluctable. L'identité est la résultante de l'ensemble des choix effectués par un individu[1]. Dans cette perspective, l'identité n'est pas « découverte » mais « construite » par la personne, même si des contraintes sur lesquelles elle n'a pas prise oriente ses décisions dans un sens ou un autre. La part d'autonomie dont dispose l'individu dans la détermination de son destin social résulte – paradoxalement – de l'obligation face à laquelle il se trouve d'effectuer ce type de choix. Puisque ces choix sont fonction des conflits identitaires qui résultent de la multiplication des rôles sociaux, l'autonomie de l'individu s'accroît en proportion de la complexification des sociétés.

Une caractéristique de la théorie constructiviste de l'identité est l'importance qu'elle accorde à la catégorisation sociale. Les choix identitaires effectués par les individus sont influencés par ce qui passe pour être le comportement « normal » de tel type d'acteur, par exemple le comportement normal d'un « père de famille » privilégiant sa famille plutôt que son travail après une certaine heure. L'importance accordée à la catégorisation sociale apparaît dans l'une des théories de l'identité les plus connues, celle d'Erving Goffman[2]. Goffman propose une triple distinction concernant l'identité. Il différencie l'identité *sociale* de l'identité *personnelle*; l'identité sociale *virtuelle* de l'identité sociale *réelle*; et l'ensemble formé par l'identité personnelle et sociale (virtuelle et réelle) de l'identité *pour soi*.

Toute société répartit ses membres en catégories sociales, qui peuvent être de divers types : économiques, ethniques, religieuses et sexuelles notamment. Ces catégories se définis-

1. J.-C. Kaufmann, *L'Invention de soi. Une théorie de l'identité*, Paris, Armand Colin, 2004.
2. E. Goffman, *Stigmates. Les usages sociaux des handicaps*, Paris, Éditions de Minuit, 1975.

sent par les propriétés dont les individus qui en relèvent sont normalement porteurs. L'identité sociale au sens de Goffman désigne les caractéristiques possédées par un individu en vertu de son appartenance à une catégorie sociale donnée. Si, par exemple, la catégorie des « politiciens » inclut la caractéristique « diplômé des grandes écoles », celle-ci constituera l'un des fondements de l'identité sociale des politiciens. L'identité sociale peut revêtir deux formes. La première est virtuelle. L'identité sociale virtuelle désigne les attributs qu'un individu *devrait* posséder compte tenu de son appartenance à une catégorie. Elle ne concerne pas ses propriétés réelles, mais ses propriétés « espérées ». À l'inverse, l'identité sociale réelle se réfère à cette fraction de l'identité sociale virtuelle que la personne a actualisée, c'est-à-dire possède effectivement.

À l'identité sociale s'oppose l'identité personnelle. Celle-ci repose sur « les signes patents ou porte-identité, et la combinaison unique de faits biographiques qui finit par s'attacher à l'individu à l'aide précisément des supports de son identité »[1]. La notion de « porte-identité » désigne les traits qui permettent à un individu de se distinguer ou d'être distingué par autrui. Des exemples en sont la forme du visage, le nom, les empruntes digitales ou la position dans le groupe familial. Selon Goffman, chaque individu partage des « expériences sociales » avec d'autres individus. La combinaison de ces expériences chez une personne est cependant unique, ce qui lui confère une identité idiosyncrasique. L'identité pour soi désigne le sentiment subjectif lié à cette situation biographique particulière. Elle est une identité « à la première personne ». Cette identité est cependant soumise à l'influence de l'iden-

---

1. E. Goffman, *Stigmates*, *op. cit.*, p. 74.

tité sociale, puisqu'un individu se perçoit lui-même par l'entremise des catégories qui lui sont appliquées par autrui. Les identités personnelles et collectives sont en ce sens inextricablement mêlées.

L'INDIVIDU ENTRE MÉTHODOLOGIE ET ONTOLOGIE

Quels rapports les trois problématiques que nous avons évoquées – l'individualisme méthodologique, l'individualisation et l'identité – entretiennent-elles? La deuxième et la troisième sont étroitement liées. L'individualisation a de toute évidence une influence sur le type d'identité que développent les individus. À mesure que s'affaiblissent les sociabilités prémodernes, ceux-ci prennent une part de plus en plus active dans la production de leur identité. En ce sens, la conception « constructiviste » de l'identité est la plus adaptée aux sociétés contemporaines, alors que la conception « culturaliste » renvoie davantage à des formes sociales communautaires.

Comme son nom l'indique, la problématique de l'IM est d'ordre méthodologique. Elle est à ce titre indépendante des deux autres, ce qui signifie que toutes les positions la concernant sont en principe compatibles avec toutes les positions relatives aux premières. Les partisans de l'IM ont coutume d'insister sur le caractère strictement méthodologique de leur approche. Ils cherchent de ce fait à se démarquer d'autres types d'individualisme, en particulier de l'individualisme moral et politique, dont ils soutiennent qu'il est sans rapport avec leur démarche. Une preuve de l'indépendance de l'IM à l'égard de l'individualisme moral et politique peut être donnée. Le « marxisme analytique » est un courant de pensée dont les représentants les plus connus sont Jon Elster, John Roemer et

G.A. Cohen. Il combine l'IM avec une philosophie politique marxiste dénonçant l'exploitation et l'aliénation capitalistes [1]. Le marxisme analytique montre que l'IM peut être allié aux doctrines normatives les plus diverses [2].

Si l'IM n'a pas d'implication morale et politique, il n'est cependant pas neutre du point de vue ontologique. La réduction du social aux individus – et aux systèmes d'interaction existant entre eux – qu'il préconise suppose une conception particulière de la causalité qui a cours dans le monde social, c'est-à-dire une conception particulière de ce dont le monde social est constitué. Selon l'IM, seuls les individus sont des causes recevables des phénomènes sociaux, ce qui signifie que seuls les individus existent. En ce sens, l'IM repose en dernière instance sur une forme d'individualisme ontologique, ce qui tend à connecter ce problème d'apparence purement méthodologique aux deux autres. La question, dès lors, est de préciser les contours de l'ontologie sociale qui sous-tend l'IM, et notamment de déterminer si l'individu conçu par lui est une entité historique ou non. La plupart des partisans de l'IM conçoivent l'individu en termes a-historiques, c'est-à-dire comme une entité qui ne varie pas dans le temps. Il n'est pas dit que ce qu'ils gagnent en simplicité explicative ce faisant compense ce qu'ils perdent en pertinence descriptive.

Razmig KEUCHEYAN

---

1. J. Roemer, *A General Theory of Exploitation and Class*, Cambridge (Mass.), Harvard UP, 1982.

2. J. Elster a renoncé au marxisme analytique au cours des années 1990.

INDEX DES NOMS

PRÉSENTATION DES CONTRIBUTEURS

Élodie BAGET est Allocatrice-Monitrice en Philosophie à l'Université de Paris I Panthéon-Sorbonne.

Stéphane CHAUVIER est Professeur de Philosophie à l'Université de Caen Basse-Normandie.

Filipe DRAPEAU VIEIRA CONTIM est Maître de conférences en Philosophie à l'Université de Rennes I.

Jean GAYON est Professeur de Philosophie à l'Université de Paris I Panthéon-Sorbonne, et membre de l'Institut d'Histoire et de Philosophie des Sciences et des Techniques.

Charles GIRARD est Allocataire-Moniteur-Normalien en Philosophie à l'Université de Paris I Panthéon-Sorbonne.

Razmig KEUCHEYAN est Maître de conférences en Sociologie à l'Université de Paris IV Paris-Sorbonne.

Pascal LUDWIG est Maître de conférences en Philosophie à l'Université de Paris IV Paris-Sorbonne, et membre de l'Institut Jean Nicod.

Thomas PRADEU est Maître de conférences en Philosophie à l'Université de Paris IV Paris-Sorbonne.

TABLE DES MATIÈRES

Imprimerie de la Manutention à Mayenne – Octobre 2008 – N° 299-08
Dépôt légal : 4ᵉ trimestre 2008

Imprimé en France